中学生が笑った日々

自治活動と総合的学習の三年間

角岡正卿 著

高文研

もくじ

III　サバイバルに徹した林間学校……95

装丁・商業デザインセンター　松田礼一

Ⅰ　収穫がうれしい米づくり

2年／棚橋 靖治

❖なぜ、米づくりか

わたしが米づくりの実践をしようと思いついたのは、収穫後、「父母と一緒にモチつき大会をやると楽しいなあ」という教育的な発想と、収穫したモチ米を文化祭などで売れば儲かるのではないかという、きわめて単純な発想からきたものである。

それを初めて、同じ学年の教師にもちかけたのは一九八七年、刈谷《かりや》市立依佐美《よさみ》中学校で一年生を担当、学年主任となって、たしか「遠足の反省会」と称して一杯飲んでいる時であった。学年体制で取り組まなくてはならない重要な問題の話し合いはだいたい酒を飲みながらやっていた。

この時の学年の教師は七名、刈谷の中学校としては小規模校である。米づくりの提案をしたら、いつもユニークな教育をする社会科の山田基先生（30代）が「やろう！」と諸手を挙げて賛成した。

「だけど一年間、大変だよ」と言っても、そんなことはおかまいなしに、「米を売ったら何を買おうか」と、わたしと同じようなことを言っている。「学用品にしようか」「そんなの面白くないよ。修学旅行で使うとか、何か面白いものに使おうよ」と、まだ米づくりを来年度のメインテーマにするという決定もしていないのに、儲けたお金の使途についての話し合いに入っていた。こういう時、酔っぱらっていると話が早くていい。

二、三日たって、副主任の青木健治先生が、JA（農協）へ行って各種の資料をもらってきた。それを見せながら、「この前、酔っぱらって米づくりをやろうと決めたけど、大変なことだ」と言った。女の先生はちょっと不安顔になっていたが、「大丈夫、大丈夫！　オレ、百姓のプロだから、いくら難題があってもクリアできるって」と、わたしが言うと「じゃあやろうよ」ということになった。学年の中に、脳天気でお祭り騒ぎの好きな基君と、慎重派の青木君がいるのでスムーズに話が進んでいく。

こうして当時、PTAの役員であり市会議員Aさんの斡旋で、学校の運動場のすぐ隣の田んぼを借りることになった。このようにして米づくりを出発させたのであった。

米づくり実践を始めて三回目であるから転勤して刈谷南中学校へ行っても、米づくりは歓迎された。定年を控え、わたしにとって最後の三年間である。思いっきりいろんな実践をしようと心に決めていた。わたしは大過なく過ごすなんてことは性にあわない。学年の仲間もやる気のある面々が揃っている。これならいけると思った。

❖教室30個分の田んぼを借りる

刈谷市、人口十二万。名古屋からJR上りで二五分くらい。トヨタの大きな下請け工場（日本電装等）七社がある。刈谷南中学校は刈谷の中心的存在の中学校。教育長は刈南中の校長あがりがだいたいなる。

刈南中の南側は多くの田んぼが広がっているが、生徒は旧刈谷町内に住んでいる、いわゆる典型的な中産階級の家庭の子たちである。一つ上の学年はかなり荒れていた。三年生になってから器物破損がすごかった。三学期には三年生の男子トイレなど全て破壊され、空しく穴があいているだけになっていた。そうした状況下での実践である。これらの状況と、実績を引っさげて、いよいよ待望の二年生である。ちなみにわたしは学年主任、クラスは持っていない。

一九九四年四月、連休明けの晴れた日、学校から五分もかからない所にＪＡのお世話で二反近くの田んぼを借りることができた。普通の教室が二十坪、一反が三百坪だから六百坪。ということは教室三〇個分の広さである。

角岡「ここの田んぼで、これから一〇月中旬までモチ米を作る。その第一歩の『苗代づくり』をする。そこで、自分のクラスの苗代の場所をどこにするかを決めよう。場所によってどこだと苗が上手に育つか、百姓にとって大問題だ。用水の水の入り口はここで（田の東北）、出口はここ（田の西北）。さあ、それぞれクラスの実行委員で決めて！」

多くのクラスは、新鮮な水が入る方がいいと思い、入り口付近を取る。同じ場所がクラスで重なったら、その理由を言わせ、わたしが決めてしまう。わたしの経験で言うと、入り口はいつも水がたまり、モミが酸欠状態となり、苗になりにくい。そのため、だいたい真ん中あたりがよいようだ。

角岡「さて、場所が決まったな。どのクラスがいい苗が育つかな」

尾嶋あゆみ「そんなん、わたしたちのクラスに決まっとるジャン。用水の入り口に一番近いもん」

角岡「フフフ、どうかな」

あゆみ「なにィー、ちがうの?」

角岡「さあ、どうなることやらお楽しみというところか。さあて、みんな集合。今から仕事の段取りを言う。(集まってくる)まず、それぞれのクラスの苗代のゴロゴロした土の塊を道路上で木槌でたたいて粉にする。どうしてこんなことすると思う?」

阿部公雄「土がゴロゴロしとったら、モミがそのすき間に入って芽が出てこん」

角岡「阿部、天才!」(阿部、Vサイン)

角岡「ゴロゴロがなくなったら、次に、芽が出ているモミを蒔く。これは連休中に、この角岡先生が絵を描くのを中断して、わざわざ学校へ来てこのモミを消毒し、タライに水を入れて三日間つけといたんだ。そのため、先生は絵を描く時間をとられて何万円も損こいた、弁償しろよ!」

和田巧「何言っとるだ。先生が生徒のためにいろんなことやるのは当たり前だ」

全員「そうだそうだ！」
角岡「和田！　後で、覚えとれよ！」
和田「オレ、頭悪いもんで、すぐ忘れちゃう」（生徒たち大笑い）
角岡「バカタレが～」
角岡「次に、モミの上にぬれた新聞紙をかぶせる。スズメにモミを食べさせんため。その上に重しのために、枯れ草を軽く置く。その草は阿部たちが昨日刈ってくれた。最後に、寒冷紗《かんれいしゃ》の布をかぶせて風に飛ばされんようにする。わかったか、和田！」
和田「わかったわ！」
角岡「ようし、和田がわかればみんなわかったことになる。じゃあ、はじめ！」
さて田植までにまだいろいろと作業と準備がある。まず田起こしである。最初の米づくりをやった時は、備中鍬《びっちゅうぐわ》で田を掘り起こした。少なくても三〇センチは掘り起こさないといけないのに、生徒のことだから一〇～二〇センチくらいになってしまう。ひどいのは起こしてないところもある。
次に田植の一日前に「ちらし」といって幅の広い鍬で、苗を植えやすいように土を平にする。
生徒たちが帰った後、地主さんにトラクターで耕してもらった。
あくる日、生徒たちが「昨日、あんなにデコボコだったのに平になっとる」と、感心しているので、わたしが、「一晩、水につけておけば泥がとけて平になる」と言うと、「フーン」と、真面目に聞いている。「オイオイ、真面目に聞いてくれるな。みんなが帰った後で、トラクターで耕してもらったんだ。ほかっといて一晩で平になるわけないじゃんか」と白状すると、「先生は、またウソを言う」と、睨まれてしまった。

しかし今回、この学年では田起こし、ちらしはやらなかった。それは、各家庭に備中鍬がなかったから、はじめからＪＡのトラクターで耕してもらうことにした。

❖苗代づくり

刈南中の「米づくり」は苗代づくりから出発した。苗代で苗を作るということは現在はほとんどやられていない。ＪＡが苗を作り、それを買ってきて機械で植えていくだけ。苗代づくりをしていると、めずらしいので近所のお年寄りも寄ってくる。そして、いろいろなことを教えてくれる。その時、あるお年寄りが、「先生、苗代に水をいっぱい張らんと苗は生えてこんよ」と言った。あまり自信を持って言うので、寒冷紗、草、新聞紙を取り、水をいっぱい入れた。数日たってもモミはピロッ、ピロッとしか生えてこない。

依佐美中学校時代は、水を満杯にしなくても苗は生えてきたのに…。そういえば、昔、祖父と苗代を作っていた頃は水を満杯にしていた。やがて、母の頃になると田んぼの水は田が湿る程度であった。どこがどう違っちゃったのだろうと悩んでいると、ちょうどその時、田んぼへＪＡの店長さんが来て、「先生、これは酸欠状態だ。モミはまだ生きているから、すぐ水をかい出さないといけないよ！」

わたしはすぐに学校へとってかえし、サッカーの練習を終えた阿部たちを呼び寄せた。

角岡「そこの五、六人、バケツを持って田んぼへすぐ来い！」

和田「エ、エー、また？」

角岡「何だあ、文句あるのか！」

和田「ありませーん」

角岡「なかったら、さっさと来い」

というわけで、かれらは学生服のままやってきた。そして、水のかい出しに取りかかった。当然学生服はどろんこになる。後で用水で洗っていると、水のかけっことなり、学校へ戻ってきた時は全員頭からずぶぬれである。

その後、苗は順調に育ったが、やはり水の取り入れ口のところはいつも水がたまり、酸欠状態となり育ちはよくない。苗床を高くしておけばよかった。尾嶋あゆみはうらめしそうに苗代を見ていた。

さて、田植のやり方は地方によって違う。三河地区では、まず「ナワ」で一スパーン（およそ一二〇センチ）ごとに植えていき、その中に苗を四本ずつ植えていく方法である。

「刈南中の子たちが、この田んぼでモチ米つくっとるげな」と、うわさがパーと広がった。ある時、近くのオバアチャンが、苗代の苗が出始めた頃、「先生、このまんま苗をつくっとると、スズメがモミや苗をみんな食っちゃうよ。わしゃが家にたしか、スズメ除けのアミがあったはずだから持ってきてあげらあ」と言って家に行き、しばらくすると、そのアミとカカシまでかついできた。細い竹を立て、アミを下から三〇センチくらいのところにくくりつける作業をてきぱきと始めた。

びっくりしたのは、今の若い教師でもアミを持ってくると言ったらアミしか持ってこない。しかしこの七〇を過ぎたオバアチャンはその状況に応じて、アミ、細い竹など材料、ノコギリなどの道具、さらに目のついたカカシまでも持ってくるという気の配りようであった。こうしたちょっとしたことにまで配慮できることが生きる力なんだと思った。

学校へ帰って、さっそく学年通信を書いた。「田んぼでオジイチャン、オバアチャンを見かけたら、いっぱい話しかけてみよう！」と。

田植の一週間ほど前、田村里奈が田んぼにいたオジイチャンに話しかけたら、「苗代の水が少ないよ」と教えてくれたというので、用水から水を入れた。里奈が学校へもどって来て、「先生、苗代の水が足りんとオジイチャンが言ったもんで、二人で水入れといたよ」と言ってきた。わたし

生徒たちが作った米づくりスローガンの看板。前年度は記録的な冷害だったため、それを吹きとばす願いをこめて。

は「ヘー、里奈ってすごいんだ。気をきかせて田んぼに水を入れる。フーン」と、感心すると、「先生、わたしのすごさを今ごろわかっとるようじゃあいかんじゃん。…そうだ！　今度の学年通信に里奈チャンはすごいと書いといて」

苗はすくすく育ち、もうすぐ田植である。

❖田植集会のシュプレヒコール

田植の一日前に、米づくり実行委員会（クラス各2名）とボランティアを募って各学級十名ほどで、苗とりと田植の特訓をすることにした。そして、自分たちの植える田も決めていった。今度は水の入り口と出口は人気がなかった。

苗とり、田植の特訓も終わり、実行委員の多くは帰って行った。その後、サッカー部のワンパク坊主数人と、一組の女子仲良しオテンバ娘数人、名付けて「コメッコクラブとモチ米クラブ共同体」（注・米づくりの最後まで、数人でできる仕事を受け持ってもらった。彼らは年度末に愛知県の『優良生徒、特別奨励賞』に推挙される）で、「米づくり」スローガンの看板を立てかけた。看板はデザインの得意な生徒たち数人で描きあげたものである。

看板の柱を地中に打ち込む作業をしている時に、わたしの右足親指に痛みが走った。「痛てぇ！」。見てみると、一センチくらいの針金が親指に刺さっている。実行委員長の阿部公雄が、「ごめん、いまその針金を切って、田んぼに落っことしちゃった」と言った。「バカー、なんで早く言わんか。もし、破傷風になってオレが死んだら、阿部、オマエは殺人犯になって逮捕されるぞ！」と、おどしておいて、用水へ行って洗った。

針金は手で受けながら切ること、もし田んぼに落としたら、すぐに報告することを確認して作業を続けた。

仕事が終わり、保健室で手当てをしていると、養護教諭の先生が、「角岡先生、病院へ行かないと、本当に破傷風になってしまうよ」と、心配してくれたが、わたしたちの年代はちょっとした怪我ぐらいなら、水で洗ってベロ（舌）でなめておけばいいと言われて育ってきた。それに生まれつきの医者嫌いである。消毒をしてバンドエイドをしておいた。

次の日の五、六時間目を使って田植である。運動場で「田植集会」を開いた。わたしの挨拶で、昨日怪我をした足の親指を見せつつ（大袈裟に包帯をまいてある）、「昨日、スローガンの看板を立てていたら、ここにいる阿部のバカが針金を田んぼの中に落として黙っていた。先生はその針金を踏んでしまい、全治六カ月の重傷をおってしまった。田んぼは泥水である。何かを落としても見つからない。ポケットに危険なものが入っていたら大変だ。特に金属製品はいまのうちに担任の先生に渡しておこう」と、挨拶をした。

阿部はちょっと気まずい顔をしていたが、すぐ元気を取り戻して、みんなにシュプレヒコールのやりかたを説明をしていった。こうした物事にこだわらないところが阿部のよいところである。一方、生徒たちは、午前中はわたしが包帯をまいていないのを知っているから、いつもの角岡のジョークと思っている。

阿部「今から、僕がスローガンと目標を言います。そしたら、大声で『オー！』と言って、ゲンコツを握って空に向かって突き上げてください！」

阿部「冷害対策、南中米！」

全員「オー！」

阿部「目標、一〇俵！」

全員「オー！」

そして、全員で田んぼへ向かった。

❖先生、苗が足りない！

田植はまず苗取りから――

①縄づくり。縄は白のタフロープに一五センチごとに赤マジックで印をつける。教室、廊下はだいたい三〇センチマスになっているからそれにあわせて印をつければ簡単。縄の長さは田んぼの長さより三～四メートル長くする。

②苗取りのための苗をしばるワラの準備をする。ワラのハカマ（稲の葉の部分）を取って四〇センチほどに切る。

③苗取りをする。苗を二～三本ずつ取っていく。一度にあまりたくさん取ると、植える時、根が絡みついて二～三本に分かれにくいから。

④二握りずつでしばっていく。

⑤しばった苗を田んぼに均等に投げ込む。

そして、田植の順序は――

⑥縄を田んぼの端から端へピンと張る。

⑦赤の印のところへ二～三本ずつ苗を植えていく（苗は分けつしていく。それ以上植えると、分けつしにくくなる）。

苗代づくり。モミをまき、新聞紙をかぶせ、草で重しをする。

キャーキャー悲鳴をあげながら田んぼに入る女の子たち（写真上）。縄にそって田植（下）。

⑧一スパーン、一二〇センチだから、細い竹をその長さに切っておく。

⑨一スパーンの中へ均等の幅で四カ所植える（これがなかなかむずかしい。タフロープが張ってないから、苗がグニャグニャに曲がって植えられてしまう）。

田植が終わるころ、「先生！　苗が足りない！」とあちらこちらで声があがる。かなり余分に苗を作ったはずなのに…。おかしいと思って田の中を回って見ると、一スパーンに四カ所植えるところが三カ所だったり、五カ所になったりしているところがある。さらに、「一カ所に二～三本の苗を植えるように」と言ったのに、ひどいのは三〇本も植えている。ふざけているわけではない。真剣に植えているのにそうなってしまうのである。しかたがないので、各学

手前、苗代だったところを耕す筆者。ここはＰＴＡの田となる。

級数人のボランテイアを募って正しく植えなおしていった。

念のために次の日も、全部の点検をした。その生徒たちは「コメッコクラブとモチ米クラブ共同体」のメンバーである。彼らは作業が終わると、用水で手足を洗っている。そのうちに水のかけっことなる。「そんなことしとると、風邪引くぞ」と言うと、「オレたち、先生みたいに年寄りじゃないもん」「先生、先に学校へ戻って。わたしたち後から行くから」と、もう、どうしようもないはしゃぎようである。これをやりたくてボランティアに参加したんだろう。

❖生徒の楽しみは泥んこ遊び

苗取り、田植をさせると必ずこうなる。田植も終盤にかかり、自分の責任分担が終わると、あちらこちらで泥のぶつけっこが始まる。

せっかく苦労して植えたところだから、さすが田んぼの中で走り回ることはしない。あぜ道とか、道路等でやっている。そこで生徒たちのターゲットになるのは、だいたい新任教師である。泥だらけになるのがわかっているから、ベテラン教師は今まで着てきた作業着で田植をする。しかし、新任教師はカッコつけて、一万円以上もするポロシャツなんか着込んでくるもんだから、ワンパク坊主からベターッと泥の手形をつけられてしまう。面白がってワンパク坊主が次から次へと攻撃をするもんだから、頭の先から足のつま先まで泥だらけである。眼鏡をかけた若い教師は、眼鏡まで泥だらけでたたかっている。だから生徒たちも攻撃の手をゆるめない。作業が全部終わっても、まだ、延々とつづいている。

わたしたちが職員室で一服していると、ずぶぬれで帰ってきた。どうにか和解が成立して、用水で泥を落としていると、今度は水のかけっこに入り、足を滑らせた若い教師は用水に頭から浸かってしまったようである。

若い教師「どうして、ボクばっかターゲットにするんだろう…」

角岡「そりゃあ、貫禄の違いさ」と言ったら、シュンとしてしまったので、「でもな、加藤君、生徒にそれだけターゲットにされたということは、生徒が加藤君のことを仲間だとみたんじゃないの。君は生徒に対して生徒の目線で指導してきたから、これは喜ばしいことじゃないのかなあ。もし君の若さで生徒に相手にされんかったらみじめだよ。気をつけんといかんことは、ベテラン教師になってもまだターゲットにされるようだったらだめだよ。それが貫禄の違いということになる」と、なぐさめたら納得したようであった。

❖あるいじめられっ子の心の内

過去三回の田植時期にも必ず泥んこ遊びがあった。二回目の「米づくり」の年のことであった。田んぼが低めにあったため、苗代づくりの時には、すでに田んぼ全体に水が少し入っていた。ボランティアで参加した野球部の一人が誤ってか、それとも故意にかわからないが、隣の生徒に泥をつけてしまった。すると隣の生徒は仕返しをする。当然その輪がどんどん広がった。

もう、仕事はひと段落していたので野球部の連中に、「こんな所でやるな。もっと広い所でやれ。だけど、まンだ仕事をしとるから、こっちの迷惑のかからんようにやれ。それから、隣の田んぼに絶対に入るなよ」とだけ言っておいた。それからはすさまじかった。はじめは泥のぶつけ合い、やがて大野明が田んぼに頭から滑り込みをしたから泥だらけ。ユニフォームを着たままの生徒もいる。「泥んこになると、洗濯してもなかなかとれんぞ」と言ってもおかまいなしである。

最初に頭から滑り込んだ大野は、成績は優秀である。普段はおとなしい。小学校まで学級代表とか、児童会役員などで積極的に活動していた。そして、教師の言うことは何でも聞き、教師の指示通りに動いていた。その大野が、六年生になって突然いじめられるようになった。教師のパシリばかりしていたからである。それからは、こうした活動などで絶対、前面には出てこないようになった。

そのつらさを引きずったまま中学校に入ってきて、一年生の時は暗かった。しかし時折狂ったようにひょうきんなことをした。すると周囲の注目を得る。「大野君って面白い」と、女の子に言われるようになった。大野はそうすることによって「いじめ」から脱却しようとしたのではないだろうか。水のついた田んぼに滑り込むなんて最初は勇気がいる。五月上旬である。暖かくなってはいるが、まだ水は冷たい。生徒たちは一人が果敢に滑り込めば、後はとどまることを知らない。こうした役割を大野はよくやった。

このような遊びは大いにやるべきである。今の子どもたちは小さい時から、遊びはスポーツ中心である。子どもたちのやるスポーツは格闘技は別として、だいたい相手に触れると反則になる。だから、からだとからだをぶっつけあって遊ぶということをしたことがない。現在の子どものこころのゆがみはこうしたところからもきているのではないだろうか。

❖からだをぶつけ合う遊びの大切さ

わたしの小学校時代は、「チンギリガエシ」といって、片足でとびながら相手と格闘して倒すという遊びをよくやった。負けると相手の陣地へ行って、手をつないで味方が助けてくれるのを待つ。味方が助けに来てくれて、タッチするど、タッチされたところから生き残れる。自分の陣地内は両足で歩いてもよい。だから敵が来ると、陣地内へ引きずり込んで倒してしまう。

わたしは体力がなかったから、格闘というとすぐに負けてしまう。そのかわりすばしっこかった。敵が来ても逃げおおせた。木に触れておれば両足で立っておれるというルールなので、スキを見て敵陣へ自爆覚悟で突っ込み、すでに捕虜になっている味方を助けた。この遊びは知らないうちにそれぞれの役割分担ができていく。強い子は格闘を中心に、わたしのようにすばしっこい子は味方を助ける役。そして、チームプレーのたくみな子は陣地で敵を引きずり込んで倒す。昔はこのような相手と触れあう遊びが多かった。

小さい子は「押しくらまんじゅう」といって、寒い冬の日だまりで、壁、つぼけ（ワラを乾燥させるため家のように積み上げたもの）の陽当たりのよい所で、陽なたぼっこをしながら、両サイドから押すと、だれかがはみ出る。はみでた子は一番はしに行き、また押す。これらの遊びで、相手のからだの温もり、ちからのくわえ方、かわし方などをからだを通して学んでいったものである。暖房がなかった時代だから、小さい時からこうした遊びをよくした。

遊びの中でいちいちキレたり、ムカツいていたら仲間と遊べなくなってしまう。そのわたしが一度キレて仲間はずれにされたことがある。一人でコマをまわして遊んでいたが、こんなに寂しく味気ないことはなかった。すぐにわびを入れて仲間にしてもらった。

スポーツは技術がともなわないと「落ちこぼれ」になってしまう。野球がだめならサッカー、サッカーがだめなら…、何があるだろう。そうしたいわゆる落ちこぼれと言われる子たちが集まって、ゲーム、ファミコンだけに興じるようになり、群れてゲームセンターにいるところを教師に見つかれば、すぐに不良のレッテルをはられてしまう。これでは子どもの立つ瀬がない。彼らは家庭でも学校でもいい、自分の居場所、自分の出番が欲しいのである。

「押しくらまんじゅう」での居場所と出番。「チンギリガエシ」での居場所と出番。スポーツに限らずいろんな遊びを認めてやり、はげましほめてやることがない。逆に危険だとか、不良の集まりとか言って、かれらの居場所、出番をほとんどシャットアウトする。そうなれば、ちょっとしたことでもキレるし、ムカツクようになる。これでは多くの子どもたちが可哀想だ。

❖炎天下の草刈り

一九九四年の夏は刈谷市でも四十度を越す猛暑に見舞われた。しかも雨が降らない。そのために近年にない水不足になった。泥んこ遊びをしたくても用水に水がこないので後で洗うこともできない。しかしそんなことで音を上げるような「コメッコクラブとモチ米クラブ共同体」ではない。仕事をさせれば泥んこになってそのまま学校へ来て水道で洗う。で、ついでに水道水を使って水遊びをする。水不足だから、無駄に水を使うとよく怒る教師もこの時ばかりは黙認である。

暑い中、仕事をしてきたから仕方がないとあきらめている。なかなかいいところもあるんだと感心した。

夏休みのある暑い日、三時ごろ、サッカー部の練習が終わった。運動場にいる和田に大声で、「和田！　今から、『モチ米クラブ共同体』で、田んぼの畦道の草刈りをしろ！」

和田「ええ、こんなにくそ暑いのになんでオレたちがやらんといかん？」

角岡「そうか、やらんのだな」

和田「わかったわ！　やりゃいいんだろ、やりゃあ。阿部ー、阿部ー、今から『モチ米クラブ共同体』で草刈りやれってオヤジ（角岡のこと。ジジーと言われないだけいい）が言っとった。すぐ職員室前へ集合！」

それぞれに鎌を持たせて田んぼに行く。たしかにくそ暑い。まして彼らは二時間ほどサッカーで走り回っているから大変だ。しかし、同情すればすぐにつけあがるから、「いいか、今日中に畦道の草刈りをする。こんだけ草がのびると稲が蒸れて米ができんくなる。となると、モチつき大会ができんくなるぞ。それでもいいのか。服部！」

服部「いかん。オレ、それだけが楽しみで一生懸命やっとるんだ。和田！　しっかりやるぞ。…ああ、早くモチ食いてえ」

彼らはこうして食べ物でつらないといけない。モチつき大会という魅力ある行事に夢を馳せて、暑い中、必死に草刈りをしている。

一時間ほどやったら、まず、和田が音を上げた。そこで、稲で陰になっている所をさがして頭にタオルをのせて寝転がった。そしたら阿部が見つけて、「和田、しっかりやれ！　やらんとオヤジに言うぞ」

それから一〇分ほどぶつくさ言いながらなんとかやっていた。そのうち和田が、「なんか気分が、モワーン、モワーンしてきた」と言ったら、阿部も調子にのって畦道で寝転がって、「気持ち悪りぃー、ウーン、イックウー」と言っている。寝転がっているからわたしが近付いていることがわからない。

「阿部に和田！　スケベ！　さっさとやらんかバカタレ！」。二人は飛び上がって逃げるようにしてわたしから遠のいて、「へ、へ、へー」と、笑っている。それにしても暑い。阿部、和田の気持ちもわからんでもない。

❖水不足にも台風にもめげず

水不足に悩まされたが、四日ごとに用水に水が来るので、女子の「コメッコクラブ」が中心になって田んぼに水を入れた。男子の阿部たちでは忘れることがあるかも知れない。毎日水が来ておれば一日くらい忘れてもあまり影響もないだろうが、四日ごとに水が来るのだから、一回忘れてしまうと、八日間水が来ないことになる。そうなると、今までの苦労は水の泡となってしまう。わたしが高校生のころ、母に頼まれて夜中の一時に田んぼに水が入っているかどうか見に行った。すると家の田んぼには入っておらずに、他に水が流れて行く。すぐに泥で溝をせき止めて、家の田んぼに入るようにしておいた。ところが二時間後の午前三時、再び見に行くと、水はもと通り他の方へ行くようになっていた。特に、高みの田んぼでは水が来ないので壮絶なたたかいであった。

田んぼに行く途中で、水のことで大声で喧嘩をしているのに出くわしたこともあった。いずれにしても水には苦労したが、猛暑のためか、稲はすくすくと育っていた。

九月の末の夜中に台風が来た。あと二週間で稲刈りなのに、と思っても、自然にはかなわない。台風一過の早朝、田んぼに行って見ると、すでに数人の生徒が来ていた。稲を見ると、ほとんど倒れていない。ラッキー！　隣の田んぼのオバアチャンに聞いて見ると、「この辺の田んぼは道路より五〇センチほど低みにある。ほいで、昨日の台風は雨台風だったので、この辺一帯の田んぼは三〇センチほど水に浸かってしまい、それが幸いして倒れなかったんだよ」ということであった。水で苦労したり、水に助けられたり、米づくりは大変だ。

そのオバアチャンは稲穂をしげしげと見て、「刈南中のモチ米、いいよ。よく育っとる。これなら二反で二〇俵はいくよ」と言ったので、わたしはびっくりして、「ええ！　モチ米って、普通、一反で六俵でしょう」と言うと、「ほだよ、でも、こんだけよく稔っとりゃ、二〇俵はいく」と、自信をもって言い切った。

それを聞いて、早速学校へ帰り、ぼつぼつ登校してきた教師仲間たちに、「おい、モチ米、二〇俵はかたいらしいぞ」と言うと、みんな思わず「やったあ!」と、拍手。

❖スズメ対策案山子コンクール

次は、スズメ対策である。刈南中田の周辺の田んぼの田植は二週間ほど早い。ということは、周りはぜんぶ稲刈りがすみ、刈南中田のみが二週間孤立して稲が立っているということになる。つまりスズメの格好のエサ場だ。苦労して育てた稲をスズメのエサにしてなるものかという思いが生徒たち全員にある。そこで体育大会練習で忙しい中、各学級一個の案山子をコンクール形式をとって製作することにした。

一組は、ペットボトルを利用して風車を作った。一九九四年当時、ペットボトルの風車は珍しい。わたしもはじめて見た。製作中に「へえ、面白いなあ、だれのアイデア?」と聞くと、服部裕美子が、「わたしがねえ、親戚のオバアチャンに聞いてきたんだよ」と言った。「本当に回るかなあ」と言うと、「回るよ、わたし、家で実験したんだから」と、得意になって言った。

それを立てると、確かに威勢よく回っている。たまたま隣のオバアチャンが、「いいのを作ったたね。こんならスズメがよらんでいいわ。それ、隣の田んぼにサトイモが植えてあるだらあ、スズメはカラスなんかに追われると、すぐにサトイモの大きな葉っぱの影に隠れるんだわ。そのためにサトイモの近くにスズメがいっぱいいる。ほんだもんで、こげな案山子を作っておけばスズメがよりつかんでいいよ」と、教えてくれた。

一組は「科学技術賞」に決定だ。

二組は、真っ赤な服を着、金髪をなびかせ、歯をむき出した恐い美女のようだ。

「オマエたち、担任の石部先生をモデルにして作ったのか？」と聞くと、「そうだよ」と言ったから、「よーし、石部先生に言ってやろう」「ダメ！　そんなこと言ったら殺される！」

スローガンの前で、オバアチャンのくれた案山子（上）。生徒が作った案山子（下）。

その恐い美女が右手にはアキカンを、左手には細い竹を持ち、その竹の先には、鳥が最もいやがる大きな風船「目ン玉」がユラリユラリと動いている。芸術的にも傑作の部類に入る。だか

案山子コンクール

@@ 科学技術賞．　１組．

ペットボトルを利用して、風車を作り、風の吹き方によっても、風車は、向きを変えてグルグルとまわる。１組は、スズメの最も集まりやすいところに田んぼがあります。というのは、すぐ隣でサトイモを栽培しています。スズメはサトイモの大きな葉っぱの裏に隠れるために集まるのだそうです。先生もとなりの田んぼのオバアチャンに初めて聞きました。だから１組は、スズメ撃退の案山子を科学的に作りましたので、この賞を進呈します。

@@ 芸術大賞．　２組．

まっ赤な服を着、金髪をなびかせ、歯をむき出した怖い美女が、右手にはアキカンを、左手には細い竹を持ち、その竹の先には、鳥が最もいやがる大きな風船「目ん玉」がユラリユラリと動いている。さすがセンスのいい石部先生の学級だ。この調子でいくと、２組全員の子が、美術、「５」になるかな　？

@@ アイデア抜群賞．　３組．

どの学級も、腕は、ピッとまっすぐだが、３組だけはヤジロベーのように腕がだらりと下がり、風に吹かれてダランダランと動き、同時に腕についたタフロープがフワフワと動き、すずめを追っぱらうという仕組みである。

@@ オーソドックス賞．

４組．　帽子をかぶり、キセルをくわえたオッサンが田んぼにいるという自然態が、実にユーモアがあっていい。

５組．　服は迷彩色。スズメが知らんで近寄り、まっ赤な目を見てギョッとさせショック死させる作戦野用だ。

６組．　白い着物を広げて、「オバーケー」といって威嚇する戦法。しかし、スズメ社会にお化けがいかな．．．？

一握り刈っては手渡す。効率の悪い稲刈りだが…。

ら「芸術大賞」になる。

石部「先生、あの案山子がわたしに似てるって、うちのクラスに言ったそうですね。失礼な！」

角岡「うん。でもいま、審査の結果、二組が『芸術大賞』になったんだけど、なんなら変えてもいいけど」

石部「エエッ、『芸術大賞』？　ならいいわよ。やっぱり、わたしをモデルにするといい作品が生まれるわね。ホ、ホ、ホ」

❖おいしい米はハザ掛けで

稲刈りを迎えた。昔の農法を教えたいということと、モチ米を良質にしてうまくさせるために、稲を刈り取って、それをハザ掛けにすることにした。ハザというのは木の棒で、ちょうど鉄棒のようにしていく。そこへ刈り取られた稲の束を掛けていくのである。一週間くらいハザに掛け、天日に干したモミと、機械で乾燥したモミの違いは、素人でもモチを食べてみればすぐにわかる。それは、ねばりと味の違いである。

そのためにハザ棒を貸してくれる農家をさがさないといけない。ハザ棒は農法の近代化により、まず処分してしまった農家が多い。悩んでいると、例の苗代の時のオバアチャンが来て、「家にあるよ」と言ってくれた。早速借りることにした。

案山子の向こうで、稲刈りとハザ掛けの同時進行。

あぶなっかしいハザの列。

稲刈りの前日、学校のリヤカーで実行委員たちが何回も何回も往復して運んだ。そして、稲刈りの特訓をかねて、まず一スパーンの稲刈りをし、その刈り取った後へハザ棒を鉄棒のように組み立て、稲を掛けていく。

稲刈りの当日、例によって運動場で、阿部実行委員長の指揮のもと、開会式をして、刈南中田へ急いだ。周りの田んぼはすでに刈られている。そのためのスズメの対策はとったが、イナゴの対策はとらなかった。すごい！　異常発生かと思われるほどイナゴがいる。

そのイナゴでにがい経験が

ある。前任校依佐美中でやはりイナゴが多くいたので、各学級イナゴ取り合戦を行った。取ったイナゴを袋の中に三日ほど入れておき、フンを全部出させて、職員室の調理場で鍋一杯、醤油と砂糖で煮た。すると職員室周辺に異様な臭いがして、全教師の顰蹙《ひんしゅく》をかってしまった。そこで家庭科室へ持って行き、なんとか保管してくれるよう頼み込んだが、そこでも家庭科の先生に「ダメ！」のひと言、そこを拝み倒して給食時まで準備室に置いてもらった。

さて、給食時である。「このイナゴはすごく栄養があり、薬だから食べなさい」と言って食べさせようとしたが、指導している教師が食べないから、生徒から総スカンをくらった。でも、なかには「おいしい」と言って食べていた生徒が各クラス数人はいたようだ。「すごい！　その子、きっと大人になったらオレみたいに酒飲みになる。美術、5にしたいから名前を教えてよ」と言ったら、「何言ってるんですか」と、拒否されてしまった。

そんなことがあったから、イナゴには目もくれずに、稲刈りに精を出した。普通は稲を刈り取り一〇株ほどで、スガイといって稲をしばる縄のようなものでしばる。それを一〇把ほどずつ抱えてハザ掛けに行く。人数が多いから分担してやり、全員一度は分担された仕事を経験するようにしていった。

一週間ほどハザ掛けして稲を乾燥させてから稲こきであるが、またまた異変が起きてしまった。というのは、ハザの長い棒が稲の重みにたえかねて数本折れてしまったのである。日曜日の出来

先生、モミがこんなに落ちてた！

モミをきれいにするにはコンバイン。

足踏脱穀機の活躍。

事であったので、わたしは知らなかった。部活に来ていた住田先生が、部活に参加している全ての生徒を使って、折れた稲を学校へ運び、鉄棒、サッカーゴール、木の枝、その他掛けられるものに掛けていった。朝、見た時は学校中稲だらけだった。とにかく気をきかせてそうした処置をしてくれた住田先生に感謝した。

ハザは二〇数年間、一度も使ったことがなかったものだった。だから、木の生がぬけてしまっていた。こうしたものはいつも使っていないと、使い物にならなくなってしまう。

❖大豊作の20俵！

最後の作業は稲こきである。コンバインでやればすぐであるが、それでは米づくりの体験にならない。JAの店長さんに頼んで、農業を兼業にしている家に「足踏脱穀機」があるというので借りていただいた。ちょうどクラス分の六台がそろった。生徒たちはみな、この簡単な機械でモミが落ちることに驚嘆の声を上げた。「すごい」「かっこいい」「早く替わってくれ」と、一把こくと交替している。よほど気に入ったようだ。

稲こきは、こくだけではない。

①稲をハザから下ろして脱穀機まで運ぶ仕事。

②こいたワラを一束（一〇把）にしてからげる。その時、モミがまだ多くついているようであったら再度こきなおす。

③こいたモミがたまっているところの大きいゴミ（葉、茎など）を取り除く。そしてナンキン袋に入れて、コンバインの所へ持って行き、再びこきなおして、モミとゴミとに分ける。

④ナンキン袋に入ったきれいなモミをリヤカーに乗せて、学校の空いている教室まで運んで行く。

⑤全て終わったら、田んぼに落ちている落ち穂を拾う。これもなかなか大量にある。（ミレー作、「落穂拾い」の解説を美術の授業でやる。）

⑥学校で乾かしてある稲を直接コンバインに入れてこく。

空き教室に山と積まれたモミの入ったナンキン袋を見て、隣の田ん

山と積まれたモミの前にあるのは足踏脱穀機。

ぼのオバアチャンが「二〇俵はあるよ」と言ったのが、本当に思えてきた。大豊作は間違いない。

そして、そのモミをプールサイドへ持って行き、ムシロの上にモミを広げて一日乾かした。あまり乾かし過ぎると米が割れてしまう。そのへんのあんばいが難しい。

それから一週間ほどたって、モミ擦り機械を持っている父母に頼んで玄米にしてもらった。その時に一九俵強あった。やはりオバアチャンの予感はあたった。

最後に、精米屋でモチ米の玄米を白米にした。これで晴れてモチが食べられる。気の早い女性教師が次の日にモチつき機を持ってきて、放課までにつけるようにとセットしておいた。生徒たちが帰ってから早速食べてみることにした。うまいなんてもんじゃない。もし、これが臼でついたモチだったらと思うと、今までの苦労はふっとんでしまった。これで、米づくりの作業は終了である。

【教師の手記】

病床の父が最後に食べてくれたつきたてのあんころもち

◆二年二組担任　石部　由貴子

今だから話せるのですが、わたしにとって、秋の収穫時は生涯、多分何度もないと思われるような辛く苦しい時期にあたってしまいました。それをなんとか乗り切ることができたのは、あの大豊作の喜びと、みんなと一緒に楽しく一生懸命農作業に打ち込めたお陰だとつくづく思っています。

一〇月一四日、稲刈りの最中、二組のハザ棒が折れてしまった時は、わたしはみんなとはまた別の次元でとてもいやな気がしました。でも、みんなが最後の力を振り絞って夢中で修復に努めているようすを見ているうちに、わたしはだんだんさわやかな気分になってきました。帰りの短学活で話した、「苦しい時に喜んで手を貸してくれる仲間がいるということが、どんなに嬉しいことかということを忘れないようにしよう！」という言葉は、自分自身に言い聞かせていたのかも知れません。

その夜、家に帰ると、父の姿はありませんでした。稲刈りをしている時、手を休めて見上げていた総合病院に検査を受けるために入院したのでした。

それから約二週間が経過し、明日が稲こきの日、担当の医師から、父の命がもういくらもないということを知らされました。母と妹と三人で交替で父に付き添うことになりました。稲こきの時はわたしは、病院でジャージに着替えて、そこから田んぼへ向かいました。病院を出る時、いつ目覚めたのか、父が「また、泥んこになって帰って来るんだね、御苦労さん」と、言ってくれました。

文化祭も近づいた一一月の連休に、もう、治すすべがなにもなくなった病院から、父は帰ってきました。ベッドに寝たきりになってしまった父でしたが、気分のいい日の夕食後のほんのつかの間、まくらもとでいろいろ話すことができました。「今日は、合唱コンクールで優勝したんだ！」なんて、みんなもきっと家の人たちに報告したようなことも、話題にして喜んでいました。

文化祭の日、わたしはみんなと作ったモチ米が売り切れないか心配で、朝のうちに買わせていただきました。父にどうしても食べさせたかったからです。父には食べられるかどうかわからないのに…。

十一月二三日の勤労感謝の日の夜。久々に父の様態がよく、「新嘗祭《にいなめさい》だから乾杯しよう！」と父から提案され、妹夫妻も交えて、家族で新米でついたおもちを食べながらお祝をしました。嬉しいことに父も、ほんの一口だったけれど、つきたての柔らかいあんころもちを食べ、病気になってからずっと止めていた大好きなお酒も一口だけ口にすることができました。

それから六日の後、父は永眠しました。

父の人生の最後の一カ月を豊かで温かいものにすることに一役かってくれた刈南中米。また、くじけそうになるわたしを、お米を一生懸命育てる中で力づけてくれた多くの人々に心から感謝したいと思います。

ありがとうございました。

（注／石部先生は、案山子コンクールで二組の案山子のモデルになって、芸術大賞をとった学級担任、あの石部先生である）。

Ⅱ　デイキャンプから林間学校へ

2年／山本　倫

❖オレ、遠足なんか行きたくねえ

米づくりが軌道にのりはじめた二年生の五月、わたしが廊下の掲示板に生徒の絵画作品を掲示していると、学年一のワルと自他共に許している和田巧が、「先生、オレ、遠足なんか行きたくねえ」と言ってきた。それには理由があった。この年、二年生の「春の遠足」は、八月上旬にある「林間学校」に向けて、練習をかねてのデイキャンプにしようと、遠足実行委員会の原案をみんなで決定したばかりだった。

今回の林間学校は従来の場所を変更して、かなりのサバイバル的要素をもった所である。今までは屋根つきの炊事場、その他、いたれりつくせりのキャンプ場であった。せっかく林間学校を実施するのなら、できるだけ生徒たちの手でできる場所がいいと学年教師集団で話し合い、一年生の時から旅行業者に頼んでさがしてもらっていた。その結果、天竜川の支流に当たる所で、川原に直径二〇センチくらいの石がゴロゴロしているだけの場所が見つかった。しかしここで林間学校を行うには、サバイバルのキャンプに慣れさせなければならないから、訓練が必要になってくる。そういうことで位置づけた春の遠足が、巧には気に入らなかったようである。

巧「炊飯だけなんか、なんかめんどくさい。自分のやりたいことができんから面白くないわ」

角岡「じゃあ、巧はどういう遠足ならいいんだ?」

巧「魚釣りならいいけど…。でも、魚釣りなんか遠足でやらせてくれんもんな」
角岡「そういえば、巧は魚釣りしかできんもんな。後はからっきしだめだから」
巧「何言っとるだ、サッカーだって集中してやっとるわ」
角岡「巧にしては集中しとるかも知れんけど、他の子とくらべると全然だめだわ」
巧「そんなことどうでもいいわ、とにかく、オレは行かんからな」
角岡「魚釣り、面白そうじゃんか」
巧「（急に、目をキラキラさせて）本当にいいの?」
角岡「遠足で魚釣りしたいんなら、きちっと計画を立てて、実行委員会に提出して、実行委員会と巧の原案として提案すればいい。だけど、場所はもう三河高原キャンプ場に決まっとるからなあ、そこから近い所でないとあかんぞ!」
巧「わかった」
角岡「あんまり無理すんな。どうせ巧なんか途中でいやになってやめるんだから」
巧「うるさい!」（と、どなりながら、走っていく）

きっと釣り仲間のところへ相談に行ったんだろう。その中の一人、山城の両親はアウトドア派で、愛知県内の釣り場ならどこでもわかる。次の日、二人で資料をもって得意そうにやってきた。三河高原から二〇分ほど手前に、野原川というマスを放流して魚釣りのできる場所があることを突き止めてきた。

巧「どうだ、オレがちょっとその気になりゃあ、こんなもんだ」

角岡「場所をすぐ見つけてきたことはすごい。ほめてやる。で、みんなにどうやって納得させるんだ?」

巧「そんなん、今度の遠足は野原川にしますって言えばいいじゃんか」

角岡「バッカだなあ。二人か三人で魚釣りに行くんじゃないんだぞ。二一〇人もいるんだぞ。中には魚釣りの嫌いな子もいるし、もうすでに魚釣りなしの遠足の案ができてて、それもみんなで決めている。そこへ新たに『魚釣り』って言って、みんなが納得すると思うか?」

巧「そしたらどうしよう?」

角岡「そうだよ。巧もそうやって真面目に先生に聞くようになれば、先生も教えてやらんでもないが。だけど今までの態度ではな…」

巧「わかったわあ…」

と、角岡先生の言うことは真面目に聞くという取り引きが成立して、次のような魚釣り原案を、実行委員長をまじえてつくった。

マス釣りをして、デイキャンプのおかずにしよう

〔主催〕マス釣推進委員会、遠足実行委員会

一、目的

・自分たちのちからでマスを釣り、それをおかずにする。

・班内で、飯ごう炊飯グループと、マス釣隊とに分けて取り組む。

二、取り組み方法

・各班から二人が「マス釣隊」になる。

・「マス釣隊」は魚を一度も釣ったことがなくてもよい。マス釣推進委員会が責任をもって指導する。

・釣り方＝竿に糸をつける。針、錘《おも》りをつける。釣れたら、針のはずし方、料理の仕方、その他。

三、指導期日・場所

〇月〇日　美術室

た。

❖「マス釣り隊」和田巧の登場

巧を中心として一〇人ほどの釣り好きの生徒が「マス釣推進委員会」を結成、さらに実行委員長も参加して、以上のような原案をつくり、実行委員会に提出した。その推進委員会と実行委員会の共同提案として、原案を各学級で討議決定するように依頼した。そして、満場一致で決定した。

巧はサッカー部で、二年生ながらゴールキーパーの選手である。普段なら、練習がすむとダランダランと部室で遊んでいたり、帰ってからどこかへ遊びに行く計画を立てたりしているだけである。いくら期末テストが近づいていても、勉強しないことを誇り（？）にしているからそうした生活をしていた。しかし近ごろは違う。時々、わたしの厳命で「米づくり」の作業を手伝ったり、また、自らすすんで、マス釣隊指導の準備に嬉々として取り組んでいる。

その指導日である。巧が大声をあげて説明をしている。糸の取り付け方の説明が終わると、推進委員の生徒が五〜六人を指導する。これはいつも班活動をしているから、自然と身についている。

「なかなか説明の仕方がうまいな。見直した」と、ほめてやると、「先生よりうまいだらあ」と言ったので「バカヤロウ、調子にのるな！」と、頭をコツン。「イテー、暴力教師！」。周りの生徒は笑っている。

　もし巧が、「オレ、遠足なんか行きたくねえ！」と言ってきた時、ただ説得して行かせようとすれば、参加はしただろうが、無気力に参加するだけが関の山である。実行委員会の原案は一応賛成はしているが、巧にとって遠足で飯ごう炊飯して、めしを食って帰ってくるだけでは物足りない。だからたとえ参加してもどこかで寝転がっているか、でなければいたずらをしているだけである。それを見たらおそらく、小学校から転任してきた若い担任の教師は頭にカッカときて注意する。そうすれば巧は反抗する。すると、ますます注意がエスカレートする、という悪循環である。

　しかし巧を「マス釣隊」の中心として取り組ませていけば、巧の居場所があり、出番がある。今までの多くの行事で、巧はだいたいアウトロー的な参加の仕方である。なんとか公的な場面に出てこないかと思っていた。「米づくり」では阿部公雄をキャップにして、同じサッカー部の数人の中に和田巧もメンバーに入れて活動させることにした。しかし、わたしやら阿部に、おだてられたりおどされたりしてなんとか参加してきたというだけである。ここで「マス釣隊」として巧が登場すれば、今後のいろんな活動の取り組みの中で力量を発揮するのではないかと思っていた。案の定、「米づくり」「林間学校」等で、巧はすぐれた指導力を発揮しはじめた。

❖行事のマンネリ化を破りたい

この年「林間学校」でサバイバルにこだわったのは、次のような事情からである。
これまで刈南中は三〇年近くも同じ場所で林間学校を開いてきた。その出発点は八月の夏休み中、運動部の生徒だけの自主参加としてキャンプがはじめられた。それがいつのまにか、全員参加となっていき、そのままずっと同じパターンのキャンプ、つまり林間学校がつづいてきた。この長年の「なれ」をうち破りたかったためだ。

キャンプ場のサービスのつもりの炊飯場所の完備、キャンプファイア場完備と、いたれりつくせりの施設・設備。さらに同じ刈谷市内の中学校と提携してバスをチャーターする。例えば、刈南中が二泊三日の林間学校をすませて帰る日に、同じ刈谷の別の中学校が来て、そのバスに乗って刈南中は帰るというように、刈谷の中学校がセットとなっている。そうすれば安価になるという理由である。林間学校のみならず、修学旅行でもそれに近い形になっていた。そのため、旅行業者の言いなりの状態がすごく多くなった。

修学旅行のことでわたしたちが要求を出すと、業者は電話で、「今まで、こうやって実施してきたんだから、何を今さら…」と叱られてしまう始末。もっとひどいのは、ある学校の遠足はバスを利用するものであった。ところがその旅行社は日を間違えてしまい、待てど暮らせど来ないということもあった。あくる日、社長が校長にあやまりに来たという。あやまらなければならないのは、遠足を楽しみにしていた子どもたち一人ひとりに対してだろう。なにかおかしい。

さらに、いままでのこうした行事が「伝統」と称して受け継がれてきた。何も新しく創造する必要がないから教師側もその方が楽である。本来「伝統」というのは、「前代までの当事者がして来た事を後継者が自覚と誇りをもって受け継ぐ所のもの」(『新明解国語辞典』三省堂/金田一京助編)ということである。前任者がしてきたことをそのまま受け継ぐだけのものは、一般的にはマンネリズムという。つまり、一定のやり方がくり返されるだけで、新鮮味がない。よく校長が、「これは、この学校の伝統です」と言うが、同じことをつづけているだけで、自覚と誇りをもっていないから、「伝統」ではなくマンネリズムと言った方がよい。

となると、日本の中学校で、今「伝統」と呼べるものがどれほどあるだろう。例えば、校歌はどこの学校にもある。その校歌は、入学式、卒業式、始・終業式には必ず歌われる。入学、卒業式は、お客さんがいるから小さな声で歌うとみっともないという理由で音楽の教師が必死に指導する。その時も「校歌はこの学校の伝統だ」と言って歌わせる。しかし、生徒たちは、どこが伝統なのかわからないから自信も誇りもない。ただ大きい声を出さないと叱られるから歌っているだけである。したがって、お客さんのいない始・終業式は蚊の鳴くような声である。このことから、一度「伝統」というものはなんなのかを考えてみる必要がある。

日本の多くの中学校に、自信と誇りのある「伝統」がないとしたら自分たちで「伝統」をつくり上げていかないといけない。そういう意味で、わたしたち教師集団は、常にマンネリズムをうち破る実践をしていこうと確認しあった。そのために、生徒たちが一年生に入学すると同時に、主だった行事の骨格をつくった。それが前章の「米づくり」であり、次章で述べる「サバイバル林間学校」である。

❖丸ごと自然が残るキャンプ場

過去三〇年来、木曽のキャンプ場を利用してきたという理由で、新しいキャンプ場に変えることに反対する他学年の教師もかなりいたが、わたしたちは「新しい場所に移って、そこで今までになかった林間学校をつくりあげるという、わたしたち教師の頭の柔らかさこそ、大切にすべきではないか。今までのように、過去の真似ばかりしていることから脱却していかないといけないのではないのか。もちろん、すぐれたことは継承していく。また、失敗したら、再び元のキャンプ場に戻すか、でなければ違う場所をさがすという柔軟性と積極性が、われわれ教師に必要ではないのか」ということで、天竜川の支流にあたる「石神の里」に決定した。

そこは、川の水が非常にきれいで、浅い所あり、深い所あり、さらに川原は石がゴロゴロして自然がそのまま残っている。キャンプ場としての施設はほとんどなく、唯一水道があるだけである。この水道も本当は気に入らなかったのだが、食中毒の関係で了承した。わたしが小学校のころは、透き通っていた川の水なら平気で飲んでいた。今はそうはいかないだろう。生徒たちは、病原菌に対する抵抗力があまりないから。

「石神の里」は竹の産地である。数キロメートルの所に「男滝」「女滝」があり、滝つぼから川へと遊ぶ所はいっぱいある。さらに足をのばすと、登山コースもある。下見に行った教師は満足して帰ってきた。

デイキャンプ実行委員会（学級代表委員）は、八月に実施される林間学校に焦点を合わせて原案を作成するようにしていった。下見に行った教師の資料をもとに実行委員会を開いた。

❖紙レンタンで竹飯作りのリハーサル

角岡「どうだ、こういった所が今度の林間学校の場所なんだ」

尾嶋あゆみ（副委員長）「何もない所が面白いね」

杉田幹浩（委員長）「トイレ、ないの?」

角岡「うーん、あんまりなかったなあ」

水野可奈子「男子はいいよ、どこでもやれるから。わたしたち女の子はどうするのよ?」

角岡「大きい風呂敷で囲って、その中でやったらどうだ」

女子全員「イヤダァー！」
角岡「それは冗談、冗談に決まっとるじゃんか。何だ、本気になって『イヤダー』なんて言って、アホじゃない？」
あゆみ「だってねえー、先生が言うと本当みたいだもん」
角岡「バーカ（笑）。ところで、今日は林間学校の話し合いではなくて、六月の遠足、デイキャンプのことなんだ。それも、八月の林間学校をいつも頭において話し合わんといかん」
杉田「石部先生が言っとったけど、竹で御飯炊くと、すごくおいしいんだって」
可奈子「へえー、どうやって炊くの？」
杉田「知らない。でも、ボクが石部先生に聞いてみる」
可奈子「ねえ、先生、その竹で炊く御飯のリハーサルをしよう」
鈴木貴子「うん、面白そう、やろう、やろう！」
角岡「じゃあ、教頭先生のお家はお寺で、太い竹がいっぱいあるからもらってこよう。杉田が石部先生に竹飯の作り方を聞いて、いつそれを作るか、竹をいつもらいに行くか等を決めとけ。これくらいのこと、先生がいなくてもできるだろ」
　ということで、それぞれ分担された仕事に取りかかった。
　杉田遠足実行委員長を中心に、石部先生からアウトドアの本を借りて竹飯作りの研究をし、さ

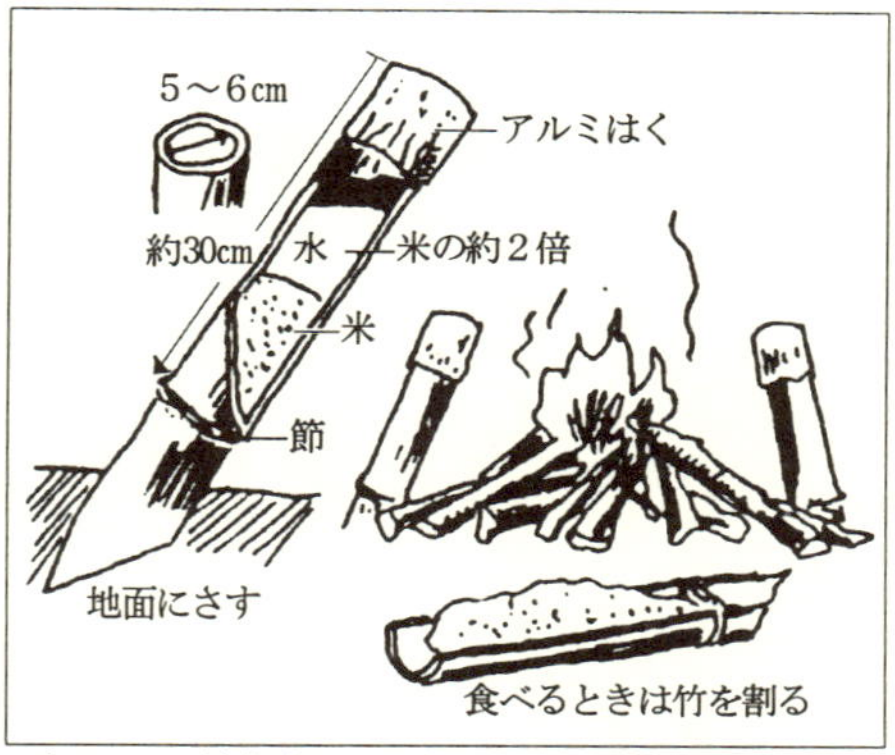

おいしい竹飯作りのポイント。①竹筒は火が直接あたらない所にさす。②20〜30分炊いてからむらす。③酒を少し入れるとおいしい。

らに紙レンタンの製作、計画も考えた。「へえ、オマエラにしては上出来じゃんか」とほめると、「これくらい当たり前」という顔をしている。

紙レンタンは、家庭科室から電気洗濯機を借りてきて、新聞紙、週刊誌を破って、洗濯機に入れて数分くらい攪拌《かくはん》させる。ドロドロになったそれを握り飯にように丸めて乾燥させる。一階の木工室ベランダで製作し、できた紙レンタンをバケツに入れて真上の三階、美術室のベランダに上げる。それを彫塑《ちょうそ》等を乾かすカゴに入れる作業を、部活の文科系の生徒たちがやった。

遠足の二週間ほど前の土曜日の午後、遠足実行委員会が中心になって竹飯作りリハーサルを行った。みんな、紙レンタンの威力にびっくりした。火力もあるし、火もちもよい。さらにできあがった「竹飯」のおいしいこと、特におこげはセンベイのような味がする。そこで、遠足では半分は「竹飯」、半分は「飯ごう」で御飯を作ろうということになった。ちょうどそのころ、和田巧たちはマス釣隊の取り組みに必死である。

❖献立のメインはマス料理

デイキャンプ場は愛知には多くあるが、施設は至れり尽せりで、すごい所になると、献立まで作り、材料も整えてくれる。そのかわり、食べ終わった後の後片付けは徹底している。わたしたちが「これでよい」と言っても「ダメ」を出す。だから、後片付けの方が時間がかかる。前の学校の時、そのために計画したレクリエーションができなかったことがある。後片付けは大切であることは認める。しかし後に使う人に差し障りがない程度でいいのではないのか。なにもすりへるほどみがかせなくても。さすがに「管理の愛知」と感心してしまったことがある。

その点、三河の山奥のキャンプ場はおおらかである。同じ愛知かと思ってしまう。所々に穴が掘ってあるだけである。その場所をうまく使って炊飯をすればいい。その方がよっぽど創造性が生まれる。巧を中心とした「マス釣隊」八〇人ほどを野原川に降ろして後はキャンプ場に直行。「マス釣隊」を信じている班は、もし釣れなければおかずは塩だけになる。多くの班は簡単に調理できるものを用意している。メインはマス料理。といっても、串にさして焼く程度のものであるが…。

巧は「魚釣の名人」と豪語しているだけあって、一人で一〇匹以上も釣った。釣が終了して、広場で「大漁賞」「大物賞」の授賞式をした。わたしは野原川の管理人に頼んで、マスを放流する前に三〇匹ほどもらっておいた。後で一匹も釣れなかった班に、「角岡先生からのプレゼント。班の子にも自分が釣ったような顔をして行け」と、数匹ずつ渡したので、「先生、やさしい」と、ありがたがられた。

さて、キャンプ場に入り、巧は串焼の方法を、他クラスの他班にまで出張指導していた。もう完全に遠足実行委員会の代表みたいなものである。やはり、彼らの要求をできるだけ取り入れていくことが、実践上重要なことだとつくづく思った。

❖デイキャンプの反省

後日、各学級での総括をまとめて見ると、改める点では——
・計画をもっと詳しくたてる。
・一人ひとりが責任をもつ。
・もっと男女の協力ができるようにする。
・あたりまえのことができない。
ということがあがってきた。調理を失敗した班の班長、安奈に聞いてみた。
角岡「安奈、どうして飯が満足に炊けなかったんだ?」
安奈「うん、はじめね、みんなで火おこしをしてたの。なかなかつかんかったけど、ついてからお米をといだり、おかずを作ったりしたの。そしたら火力が弱まって、御飯がだめだったの。でもね、お好み焼きはできたよ」

角岡「バッカだなあ、安奈は。飯も作れんで」
安奈「お好み焼きとか、サラダはおいしかったよ」
角岡「そうか、他の班はおいしい御飯が食べられたけれど、安奈たちはおいしいサラダが食べれてよかったなあ」
安奈「なにい、先生、ヒニク?」
角岡「ヒニクじゃなくてバカにしとるの」
安奈「悔しい! どこがバカなのよ?」
角岡「安奈は、どこがバカか聞くから、いいバカの部類だな。えらい!」
安奈「そんなことどうでもいいから、早く教えてよ」
角岡「まず一番目に、全員で火をおこすからいかん。火をおこす人、米をとぐ人、野菜を切る人と、仕事を分担せんからいかん」
安奈「そうかあ、お米をといでいるうちに火もおきるもんね」
角岡「二番目は、加藤利明を魚釣りに行かせただろう。どうして? 加藤って、ボーイスカウトのプロって知ってた?」
安奈「うん」
角岡「やだなあ、知っててどうして魚釣りなんかさせるの。加藤がどうしても魚釣りに行きたいって言ったの？」

安奈「うう〜ん、だれも行きてがなかったもん、加藤君が『僕が行く』って言ったの。そうか、加藤君がおればそんな失敗をせんですんだんだよね」

角岡「安奈チャンも少しお利口になったね。人には適材適所ってことがあることを覚えておくといいよ。適材適所って、わかる？」

安奈「ハイ、ハイ、わかります。もし、わからなきゃ、辞書で調べます」

角岡「ますます安奈チャン、お利口になった」

角岡「最後にマキが足りなくなった時、どうして先生に要求しなかったの？　要求すればもらえたのに」

安奈「本当、もらえたの？　わたし、あれだけのマキでやらんといかんと思っていた」

角岡「あーあ、ヤダ、ヤダ、いつも先生が『自分の不利益には黙っていない』って教えとるじゃんか。安奈はバカに逆戻りだ」

安奈「ほんなことないって。先生、そうだよねえ、わたしとしたことがどうしたんでしょ」

わたしたち教師集団は、彼らは小学校時代に「緑の学校」でキャンプを経験しているから、当然できると思い込んでいた。その思い込みが失敗のもとであった。だからどんな取り組みでも、一からやっていかないといけないということがデイキャンプの教訓であった。

さらに反省として、「竹飯」「紙レンタン」など、リハーサルに参加した生徒はてきぱきとやれるが、参加できなかった生徒は戸惑いがあったということである。どんなことでも、みんなで共有できるようにしていかないとだめだということもわかった。そのために「学年通信」があり、そのために学級での話し合いや、討議がある。こうした原則的なことをおろそかにしてはいけないということである。

❖知ってるようで知らない子どもたち

わたしたち教師集団は、遠足などの大きな行事を終了した時点で、いつも反省会と称して一杯飲むことにしている。そこで、生徒たちの行動をさんざんバカにして大笑いし、ではどうすればそれが解決できるかを話し合った。特に、今回の遠足は林間学校のリハーサルをかねたデイキャンプであるため、次の行事、林間学校に直結しているから、問題が見えやすい。

石部由貴子（国）「小学校では『緑の学校』ってあるでしょう。そこで炊飯を経験してると思ったんだけど、あの子たち全然やり方を知らんのだよ。竹飯も、リハーサルに来た子しか知らなかったし…。そんなことよりマッチも使えんのよ。千智なんて、うちのトップクラスなのにィ…」

鈴木雄二（英、副主任）「班の子全員で、マキを燃やしとるんだ。『米をといだり、野菜を切ったりしないとだめだよ』って言っても、『ハーイ』って生返事だもんな。あれじゃあだめだよ」

住田裕司（体）「そうそう、やっと火がついて、それから炊事をしとるもん。準備ができたら、マキは全部燃え尽きとった」

角岡「住田君のクラスの安奈の班は、マキが足らなくなって、飯ごうの飯が炊けんかったたって言っていた。バカだねえ」

住田「うん、あの子、超真面目だから」

角岡「超真面目って、そうかなあ…、まあいいや、今度の林間学校はサバイバルが主になるから、そんなことだと生きていけんぞって言っといた方がいいかも…。安奈は美術部で会う機会が多いから、オレから言っとこうか」

住田「お願いします」

鈴木「やっぱり指導不足だな。『米づくり』とか、その他いっぱいの行事があるもんで、教師側もこれくらいできるだろうと、ついうっかり指導できんかった」

黒田保彦（社）「僕もそう思う。今年この学年に初めて入って、この子たち、何でもやれるんだなと思っていた。『米づくり』の取り組みなんかすごいもん。でもよく考えたらさ、主任（注・わたしは主任とか、オヤジと呼ばれている）が取り組む前に、リーダーたちにしっかり指導しとるもん。だから指導不足を僕らが反省しないといかんな」

角岡「教師側も、もっと徹底して指導分担を決めて林間学校にあたらんといかんな」

❖林間学校にかける教師たちの夢

住田「その林間学校だけどさ、生徒たちが消灯時間をもっと遅くしてほしいとか、いつまでも寝ていたいとか、自由時間がほしいとか勝手なこと言っとる。そんならいっそのこと時計なしにして、寝たい時に寝て、起きたい時に起きろと言いたくなる」

由貴子「それって面白いんじゃなぁい。わたしたち、他学年の林間学校の指導を頼まれるじゃん。その時、一番いやなことって、夜中の二時三時の当番になってテントを回っていてサ、話し声がする時、注意するのがいやじゃん。ねえ、あづチャン、あなた一番若いもん、生徒の気持ちがよくわかると思うけど、小声で話している時に注意されるのっていやだったでしょう?」

杉浦あづさ（英）「ハイ、いやでした。林間学校の時、友だちといつまでも話している時が一番幸せでした」

水野清（数）「僕は、全部自由にしてしまうなんて、まずいんじゃないかと思うけど。食事の準備の時間とか、一日のスケジュールとかが決まってないと林間学校はまわっていかないと思う」

由貴子「だってさあ、お腹がすいたら、起きて食事の準備をする。寝たくなったら寝る。もし、朝がつらかったら、次の日寝るでしょ。時計なしで、自分の腹時計とかを信じて一日を過ごすなんて、考えただけでもワクワクするじゃないの。ねえ、久美チャン」

伊奈久美子（家）「わたし、そういう生活したことないから、あこがれちゃうわ」

角岡「面白い発想だね。ほかになんかある？」

加藤俊也（理）「僕んとこの和田巧が、林間学校はジャージなんかいやだと言っとる」

角岡「で、俊也君は、巧に何て言ったの？」

俊也「林間学校でジャージは当たり前だろうって言った」

角岡「どうしてあたり前なの？」

俊也「だって、学校の決まりだから…」

久美子「わたし、刈南中に来る前、専門学校の講師をしてたの。専門学校の生徒って、みなさん御存じの通り、だいたい、それぞれの中学校で学力的にきびしい子たちが来るじゃないですか。その子たちを連れて林間学校に行ったんだけど、やっぱり決められたジャージだった。そしたら炊飯の時、火の粉が舞って、ジャージについて軽いやけどをした子がいたの。それも一〇人くらいも。でも、その学校、いまだにジャージで林間学校へ行っている。やっぱりこういうのっておかしいと思う」

鈴木「子どもを第一に考えるって大切なことだと思うよ。だけど、校長をはじめ、本部や他学年の主任が賛成するかなあ」

角岡「それは、もしそうなったら、みんなで作戦を考えよう。住田君はあんまり賛成でないみたいだなあ」

住田「うーん、やっぱり学校から行くとなると、学校で決められた服装で行くのが筋だと思うけど」

俊也「巧なんか、ツッパリ風の格好をしてくるんじゃないかな」

角岡「そんなの着て来たら、『ダッセー格好』と言えばいい」

俊也「主任なら言えるけど、僕が言ったら反発をくらう」

角岡「なら、オヤジが言ったと言えばいい」

由貴子「そうだ！　生徒が変なことしたり、変な格好をした時の殺し文句は、『ダッセー』。この一言を言おう。みんなで言えば、俊也さんも言えるでしょう。俊也さんは真面目だから、真面目な顔をして『ダッセー』なんて言っちゃあだめだよ。にこっと笑って軽やかに『ダッセー』と言わんと。一度やってごらん」

俊也「ダッセー」

鈴木「顔がひきつっとる。こうだよ、主任の言い方は、『ダッセー』」

と、大笑いのうちに、酒豪でベテラン女教師、石部由貴子女史の音頭で、石神の里での林間学校への夢を語り合った。

❖飲み会から生まれた斬新なアイデア

わたしは、この酔っぱらって話していることをこのまま忘れてはいけないような気がした。いつもは二次会でカラオケに行き、そして次の日は二日酔いで、「ああ酒のない国へ行きたい」と言うのがお定まりのコースであるが、意を決して、「オレ、用事があるから、今日は先に帰る」と言ったら、「どうしてえ、主任のシャンソン『枯葉』が聴きたかったのにィ」と言ってとめてくれたので、気持ちがグラッときたけど、タクシーを拾って帰った。

帰宅後、先ほどまでワイワイやっていたことをワープロに叩いていった。わたしの頭は酔いでしびれていたが、なんともいえない心地よいしびれであった。

林間学校　教師の素案

1、テーマ「自主的に考え、行動する」

2、目標

・サバイバルな状況を多くつくりだし、そのなかで生きるちからをつける。

・仕事を分担してやりきり、協力性を養う。

・時間と空間を自分の判断で使うちからを養う。

3、内容

・炊飯／一日目（夕食）、二日目（朝、昼）の食材は用意して持っていく。二日目（夕食）は現地調達。教師が食材を考えてダンボールの中に入れておく。生徒はクジを引き、当てたもので料理を作る。それを調理コンクールとする。

・五右衛門風呂（ドラムカン風呂）を作る。

・教師も時計携帯を禁止する。持つのは角岡だけ。

※全体行動、学校から出発、キャンプファイア、ハイキング、現地からの出発。この時の時間は、トランペットのファンファーレで予告。

・空間を考える。竹の産地＝食器づくり　服装＝自分で考える。

・「火の守」は、火を絶やさない。

・日程――後で考える。

・林間学校文集づくり。

以上のことを次の日の朝の会前に、プリントしてみんなに配付した。「僕、こんなこと言ったかなあ」と言うので、「言ったよ、なあ、雄二君」。すると副主任の雄二氏は「そうだよ、言ったよ」

と合づちを打つ。日ごろ、「管理主義教育反対」と言っているが、自分が有利になるためには強引な管理者になってしまうという節操のなさがわたしの特徴である。

生徒たちが帰ってから、緊急の学年会を開いて、素案の検討をした。「特に、『時間と空間を自分の判断で使うちからを養う』って目標の表現がすごい。さすが主任！」と、国語の石部女史がほめたので、後はこれといった反対もなかった。

❖なぜ当たり前の要求しか出ない？

次の日さっそく、学級代表会を開いて、八月の林間学校をどのようなイメージで開いていったらよいかを一人ずつ言ってもらった。

＊一組／小泉直樹――電気、ガスのない生活を実感する。
　　服部裕美子――文句を言う前に自分で行動する。
＊二組／杉田幹浩――先のことを考えて行動しよう。
＊三組／阿部公雄――自分のことは自分で考え、自分で判断して行動しよう。その場その時に適した行動をしよう。サバイバル、自分でやらなきゃ生きていけない。
　　小長谷和美――林間学校をみんなでつくっていこう。
＊四組／野村俊介――身勝手な行動や発言をする人がないようにする。能率よく行動するよう

にする。

熊谷良江――困っている時は助けてあげられるようにする。自分の体調は自分で管理する。

＊五組／中島幹雄――一人ひとりは自分の役目を持ち、責任を持つ。

水野可奈子――協力性をのばす。自分の仕事は責任をもってやる。決められたきまりは守る。自分勝手な行動をしない。

＊六組／鈴木宏――自分で責任をもって節度ある行動をする。

こういったイメージの林間学校であった。正直、わたしはがっかりしてしまった。もっといろんな要求を出してくるのではないかと期待していたからである。それがどれもがもっともであり、いわゆる先生方が喜びそうなことばかり言っている。林間学校がすんでから彼らに、「どうして、あんな当たり前のことばっかり言ってたの?」と聞くと、「だって、私服がいい、自由時間がいっぱいほしいなんて言っても絶対に通らないと思ったもん」と言っていた。

特に服装は、保育園に入った時から「標準服」が決められている。そして、幼稚園、小学校、中学校と、着るもの、持つもの、その他生活で使うもののほとんどが決められている。一方教師は、それらの決められたことに違反した子どもたちに対して厳しく取り締まることが生活指導だと思いこんでいる。父母の方も、学校で決められたことに従順に従うようになってきている。「このことは家庭で話し合って自由に持ってきてください」などと言おうものなら「指導放棄じゃないのか」と、電話がかかってくる始末である。

したがって、学級代表になるような常識派は、「私服にして欲しい」なんていう要求は無謀な要求に等しいと思いこんでいる、だから、要求しなかったのだろう。そういう意味では、わたしより学級代表の方が一枚上手なのかも知れない。なぜなら、調子にのって要求して、後で手痛いしっぺ返しをくらうかもしれないことを、今までの学校生活の中で十分過ぎるほど経験しているからである。ということは、わたしと学級代表との溝はまだまだ深かったといえる。

この時のわたしは、ここまでの分析がしきれずに、とにかくがっかりして、

「よし、学級代表会のイメージはこういうことか。みんなは明日の朝の会でクラスの子に林間学校のイメージを聞いてこい。いつものように一人ひとりで考えて、次に班で話し合って、そして全体の場に出す。出てきた要求は全部書きとめてくるように」ということで解散した。

❖出るわ、出るわ、要求がいっぱい！

さて、各クラスでは、出るわ、出るわ、要求がいっぱい出てきた。その中できちっと整理された六組の要求をここにあげてみる。

［六組の要求］　　　　文責／尾嶋あゆみ（林間学校副実行委員長）

①私服がいい

　みんないつも制服かジャージというパターンで、友だちの一面しか見れない気がする。林間学校のような大きな行事を利用して、私服姿の友だち、つまりいつもとは違う一面を見てみたい。わたしたちの代から私服が認められるようになったとしたら、それだけに心に深く思い出が残ると思う。また、規則だけにしばられている中学校という印象を変えてみたい。

②消灯時間を自由にしてもらいたい

　「〇時に寝なさい」「〇時に起きなさい」では、まるでロボットのようだからいやだ。睡眠などの自分のからだの管理は、自分でしなくてはならないと思う。だから、起床時間は決めておいて、消灯時間については一人ひとり、起床時間に間に合う程度の睡眠をとればよいと思う。

③トランプ、オセロなどのゲーム類を持っていくのを許可して欲しい

　夜、テントで友だちと遊べるのはこの時しかないのだから、そういう時間を大切にしたい。

④先生の見回りをなくして欲しい

　炊事中の見回りや、夜、テントの見回りなどで、先生は見張り役ではなく、先生方もわた

したちのように炊事をしたり、夜、テントで遊んだりしてもらいたい。わたしたちと同じことをやることによって、先生方と生徒とがいつもよりうちとけあうようになりたい。

⑤もっとサバイバルを経験したい
⑥いろんなことで、自由にして欲しい
⑦自由時間を多くして欲しい
⑧お風呂に入りたい
⑨花火をやりたい

⑤〜⑨はくわしい説明はなかったが、どのクラスもだいたいこのような要求を出してきた。班会議で要求を出させると、和田巧は例によって「魚釣りがしたい」と言っている。意外なことに普段おとなしい子が、私服がいいとか、自由時間がほしいと言ったという。

「野村麻美チャンがさ、わたしの班にいて、最初に発言してもらったら、下を向いてさ、遠慮がちに『わたし、私服がいいな』と言うんだよ。びっくりしちゃった。それから班の子みんなが消灯時間を長くして欲しいとか、風呂に入りたいとか、できそうもないことをいっぱい言って、すっごく燃えたよ」と、水野可奈子がうれしそうに話していた。

角岡「可奈子をはじめとして、学級代表の子たちより、麻美チャンの方がはるかにセンスがいいなあ」

可奈子「どうしてえ」

角岡「どうしてえ?……わからんの?……あああ、いやだいやだ、こんなことがわからんなんて」

可奈子「わからんもん、教えてくれたっていいじゃん」

角岡「（皮肉を込めて）林間学校実行委員長の杉田君、当然わかるよね」

杉田「わかりません」

角岡「えーっ、本当かよう。あーあ。じゃあ、かばいいかばいい副実行委員長のあゆみチャンはわかるね」

あゆみ「わたしはかばいいじゃなくて、可愛いの!　先生、間違えちゃあいかんじゃん。わたしね、みんなの要求を整理してたら、本当にこういう林間学校ができたらいいなあって思った」

角岡「するどい!」

あゆみ「やっぱり」

角岡「アホウ（笑）要求を出してもらうってどういうこと?　できるだけみんなの出した要求を実現していきたいために聞いたんだろ。はじめっから実現不可能とあきらめて要求を出させたら、それこそ詐欺だ。よう、詐欺師の可奈子チャン」

可奈子「イヤダ、先生。だけど、どうやってこれらのことを実現していくの?」

角岡「そのことを考えるために、こうして林間学校実行委員会を開いとるじゃんか。杉田、今日の議題を討議していこう」

❖教師案をうちまかした生徒のスローガン

杉田「今日は、各学級代表一二名と、林間学校のための各専門の実行委員会（炊飯、ファイア、レク）一二名ずつの中から代表として炊飯委員会の小林左千代さんと榊原佳苗さん。キャンプファイア実行委員会の西村学君、服部泰浩君、レクリエーション実行委員会の久米かおりさん、横山務君に入ってもらって林間学校実行委員会を開きます。最初の議題として、みんなから出てきた要求で、これは不可能だということから出してください」

左千代「今度の林間学校はサバイバルということがメインなんだから、それにふさわしくない要求を全部カットしたいと思います」

佳苗「炊飯委員会として、電子レンジを持っていくとか、インスタント食の許可、マキの代わりにプロパンガスにするという要求はだめにしたいと思います」

阿部「自然の中に入って行くんだから、ウォークマンとかテレビ、マンガなどの本も禁止したらどうか」

かおり「そういうものを持って行くのは反対だけど、マンガを読んどるよりも、もっと楽しいことを計画すればいいと思う」

阿部「そうか、いっぱい禁止してしまうと、小学校時代の『緑の学校』と変わらんくなってしまうからな」

杉田「では、炊飯委員会から出てきたものは禁止ということでいいですか。カラオケというのがあるけど、どうしますか？」

かおり「レク実行委員会でカラオケ大会をやりたいとなったら、禁止してもらっては困る」

杉田「そうか、では後の要求は個人、班、クラスでもう一度考えていくということにしたいと思います」

全員「賛成！」

杉田「つづいて、林間学校のスローガンを決めていきたいと思います」

角岡「先生たちの案は『自主的に考え、行動する』だけど…」

小長谷和美「わたしは、阿部君の『自分のことは自分で考え、自分で判断して行動しよう』がいいと思う」

角岡「自分、自分、自分って、三つも入ってくどいよ」

服部裕美子「『判断する』って言葉を入れた方がいい。先生たちの案だと、なんか命令されとるみたいでいやだ」

西村学「そう、命令調だ。自主的に考えたことをすぐ行動するのはよくない。阿部の案のように判断をしないと」

中島幹雄「では、こうしたらどうかな。『自分で考え、自分で判断し行動しよう』というのは」

西村「さすがミッキョウ（中島のニックネーム）、それいい。賛成！」

全員「賛成！」

杉田「ではスローガンの原案として、『自分で考え、自分で判断し行動しよう』にします。明日、学級で討議して、学級としての決定をしてきてください。明日の実行委員会はスローガンの決定と、つづいて目標の原案をつくっていきたいと思います。先生、なにかありますか？」

角岡「しかし、思いもよらんスローガン原案ができたな。林間学校の指導方針がピタリと入っとるし、第一、語呂がいいから言いやすい」

杉田「では明日、部活終了後すぐはじめます。これで終わります」

❖徹底したサバイバル生活を

次の日の林間学校実行委員会。部活を終えてみんな早々に集まってきた。運動系はいい汗をかいている。

角岡「昨日のスローガン『自分で考え、自分で判断し行動する』の原案はすごいと、どの先生も認めてみえた。さて、このすごいスローガンを各学級ではわかって、承認したかな?」

杉田「では採決します。賛成のクラス?……六クラス！　今年の林間学校のスローガンは『自分で考え、自分で判断し行動する』に満場一致で決定しました。つづいて目標にうつります。遠足で総括したことを見ると、『協力性がない』『仕事の分担がない』という二つのことがあります。そこで、みんなの要求ではこれに当てはまるものがありません。実行委員会としては、『文句を言う前に自分で行動する』『先のことを考えて行動しよう』『身勝手な行動や発言をする人がいないようにする』『一人ひとり役目を持ち、責任を持つ。決められたことは守る』とあります。ということは、『協力性と仕事の分担ついて』を目標の一つにすると、実行委員会のあげた項目と同じようになりますが、一つにしていいですか?」

全員「賛成!」

杉田「つづいて、サバイバルについての要求があります。『野外の遊びを多くやる（川で泳ぐ、魚釣り、カニ捕り、花火、スイカ割り等）』『蚊取り線香を持っていきたい』、そこで実行委員会としては『自然にかえろう』『電気、ガスのない生活を実感する』『サバイバル、自分でやらなきゃ、生きていけない』とあります」

かおり「レク実行委員会として、ここにある要求はできるだけかなえられるように計画を立てたいと思います」

杉田「二番目として、サバイバルに関した項目を入れるということでいいですか？」

全員「賛成！」

杉田「最後に、難しい要求が残りました。私服、時間、おやつ、風呂、クラスを替える等、いっぱいあります。これをどういう項目にしたらいいかわかりません。何かいい意見ありませんか？」

阿部「そんなもん、スローガンでは、『自分で考え、自分で判断し行動しよう』となっとるもんで、そのまま目標にしたらいいじゃんか」

角岡「エライ！　さすが阿部君だ。スローガンと目標を一つにする。サバイバル状況だから、なおさら自分で考え、判断せんといかん。サバイバルだから協力性が必要だ」

あゆみ「サバイバルだから時間を自由にする。サバイバルだから服装を自由にする。サバイバルだから風呂に入りたい」

角岡「あーあ、調子にのって…。目標でそんなに長く書くの？　なるほどね、ふーん」

全員「……」

角岡「じゃあ、先生たちの考えを言うか。オマエたちはバカ実行委員会で、目標もできんからな」

あゆみ「バカじゃないけど、ここは先生の考えを聞いてあげよう」

角岡「えらそうに！（笑）では、『サバイバル状況の中で生きるちからをつける』『時間と空間を自分の判断で使うちからを養う』『仕事を分担してやりきり、協力性を養う』というのだ。どうだ、まいったか」

角岡「そうだよ」

中島「先生、すると、私服とか風呂なんかは時間と空間の項目に入るんですか?」

❖「時計なし、服装は自由!」の三日間

可奈子「時間が自由って、そしたら消灯時間とか起床時間は決めないんですか?」

角岡「そうだよ。だから、先生たちも時計なしにするの。全員なしにすると困ることがあるから、時計はオヤジ一人だけが持っていくの」

可奈子「先生すてき!　わたしこういう林間学校、だあい好き!」

鈴木貴子「そしたら、寝なくてもいいの?」

角岡「いいじゃない、寝たくなければ」

野村俊介「朝飯はどうするだあ?」

角岡「腹減ったなあと思えば、起きて作ればいいじゃんか」

野村「食いたくなければ作らんでもいいわけだ」

角岡「お菓子を食ってるだけだと、サバイバルに反するぞ」

野村「そうか」
西村「僕のカンだけど、今度の林間学校、絶対に成功する！」
あゆみ「きまっとるじゃん」
角岡「ところで、目標はどうなったんだ？」
杉田「アッ、そうだ。では、この目標に反対する人？」
全員「……」（シーン）
杉田「では、目標の原案はこの三つにします。明日中に各クラスごとに決めてきてください。これで終わります」

この「時計なし、服装の自由」を含んだ目標原案は、どの学級も諸手を上げての賛成を勝ち取ったことはいうまでもない。すると、三年生の元気のよいアンチャンたち（通称ワル）が、「オヤジ、なんだあ〜今度の林間学校は！　ジャージじゃなくて私服でもいいんだって？　そんなん、こすいじゃんか」とさっそく抗議に来た。

「だって、今の二年生はわがままだもんで、私服の方がいいって言うもんでさあ、なっちゃったじゃん」

するとワルは、「オレたちだって私服の方がよかった」と言うから、「ヘエー、私服の方がよかったの。そんならどうして去年の林間学校で『私服で行きたい』って言わんかったの？　オレ、オマエたち、何も言わんもんで、てっきりジャージの方が好きなのかなと思っとった」と言うと、悔しそうに、「ジャージが好きなわけないじゃんか。ようし、来年の修学旅行は絶対に制服で行かせるからなあ」とすごんだ。そこでわたしは、「そうだよ、林間学校と修学旅行は違うからな。修学旅行は勉強に行くんだから、絶対制服じゃないとまずいよな」と言ったら、納得して帰って行った。

後日談。この翌年、私たちの学年の修学旅行は私服になった。楽しい修学旅行が終わり、刈谷駅で解散式をしていると、卒業した例のワルたちが、「オヤジ！　こいつら私服じゃんか」と、恨めしそうにやってきた。

ちょうどその時、阿部が「先輩、こんにちは」と、あいさつに来た。「そうなんだよ。オレが制服じゃないといかんと言ったのに、こいつらは私服じゃないといやだーって、ダダこねるもんで私服になっちゃった。阿部、オマエたちのせいでオレは先輩に叱られたんだぞ」と、阿部の頭をコツンとやる。そしたらあきれた顔をして、その場を離れた。

❖残飯コンクールと調理コンクール

炊飯実行委員会の取り組みは、調理コンクールと、後片付けをどのようにするかであった。まず遠足の総括で、無計画にいろいろな材料を買いすぎて、残飯が大量に出てしまったということであった。後で聞いたら、一人千円近くの材料を買っている。いかに家庭で親子で買い物に行っていないかがわかる。「学校で一人当たりいくらまでと決めてくれればいい」と親は言うが、これは家庭でしつけるものである。こうしたことまでも学校の指示に任せるから、子どもたちの金銭感覚がなくなっていく。

小さい時からおやつは一回これだけの分量で、いくらかかるかということを親が指導すべきだ。一人ひとりの子によって好き嫌いがある。分量も違う。従ってこれは学校が入り込めないプライバシーの問題で、それについては親子で確立していかなければならない。そういう意味で、わたしは昔からおやつは自由に持ってきていいという方針できた。

「たくさん買ったらどうする?」と聞かれると、「自分が重たい目に遭《あ》いながら持って行き、持ち帰るだけ。それはその子の自由じゃないの。その時重たいと思えば、次の遠足では控えて持って行く。子どももって、こうした失敗をくりかえしながら成長していくものだ。何でも学校が指示したら、考えない子ども、つまり指示待ち族になってしまう」と。

春の遠足で大量の残飯を出してしまったという苦い経験から、炊飯委員会では一食の金額を決めるかどうかで話し合われた。もしその金額を決めたら、スローガン、「自分で考え、自分で判断して行動しよう」に反するのではないのかという意見が出てきたので、考えた末、「残飯コンクール」をしようということになった。原案が決まった後で「時間はかかるけど、話し合うっていいですねえ」と、新任教師のあづささんは感激していた。

「民主主義というのは時間がかかるものなの。教師が教えてしまえばすぐにできるけど、自分でやったという実感がわかない。だから自主性も育たない。あなたが育ってきた学校とか、どこかの学年を見ればわかるだろう」と言ったら、「ハイ、よくわかります」と言っていた。

つづいて、二日目は調理コンクールをする。特にこの年は猛暑がつづき、材料は現地調達の方が安全だということで、地元のお店で買うことにした。その材料は、まず炊飯実行委員会担当教師にアイデアいっぱいのメニューを幾種類か作ってもらい、それに従って材料を調達しておいてもらう。買った材料は外から見えないように、班の数だけダンボールに詰めておく。各班の生徒がクジを引いて持って行き、フタをあけてはじめて何を作るかがわかる。そして、調理をし、竹の器に盛り付けして競うというものである。

わたしは、現地に自生している植物などを調理に入れる「調理コンクール」という案を出したが、しばらくして、名古屋で自生している植物を食べて中毒死したという記事が新聞に出て、それを見た理科と家庭科の教師が、「自信がない。もしものことがあったら」ということで中止になった。

きれいな川の近くで炊飯をするんだから、中性洗剤を流してはいけないということになり、地球にやさしい石鹸を作ろうと、各家庭で天ぷら油を使ったものを持ちより「固形石鹸」を作った。

そして、現地ではそれだけを使うことにした。

❖ドラム缶で五右衛門風呂作り

レク実行委員会を風呂作り委員とレク委員とに分けた。風呂の方は屈強な男子生徒がなることになった。五右衛門風呂（ドラム缶による風呂）なんて、わたししか経験がないから、作り方など担当教師に伝授した。

・ドラム缶を石油スタンド経営者からもらってくる。幸い二年生に子どもがいるからくれるであろう。

・ドラム缶のフタを鉄工所で切ってもらう。これも親がいる。

・中を洗剤で洗う。

・古くなった生徒用机の天板でフタ兼底板を作る。

五右衛門風呂を作るにあたって、特にドラム缶の中の油を抜くことでかなり苦労をしたらしい。まず、火をつけてドラム缶に残っている油を燃やそうとした。三人の男の教師が夜の八時ごろ火をつけた。彼らは油が燃えて、次の日に洗浄すれば簡単にきれいになると思ったらしい。残念ながらチョロチョロッとしか燃えなかった。だから、この作戦は全くの無駄であった。

ドラム缶にはほとんど燃えないまま油が残っている。それを生徒たちと一緒に洗剤をつけて洗っ

林間学校組織図

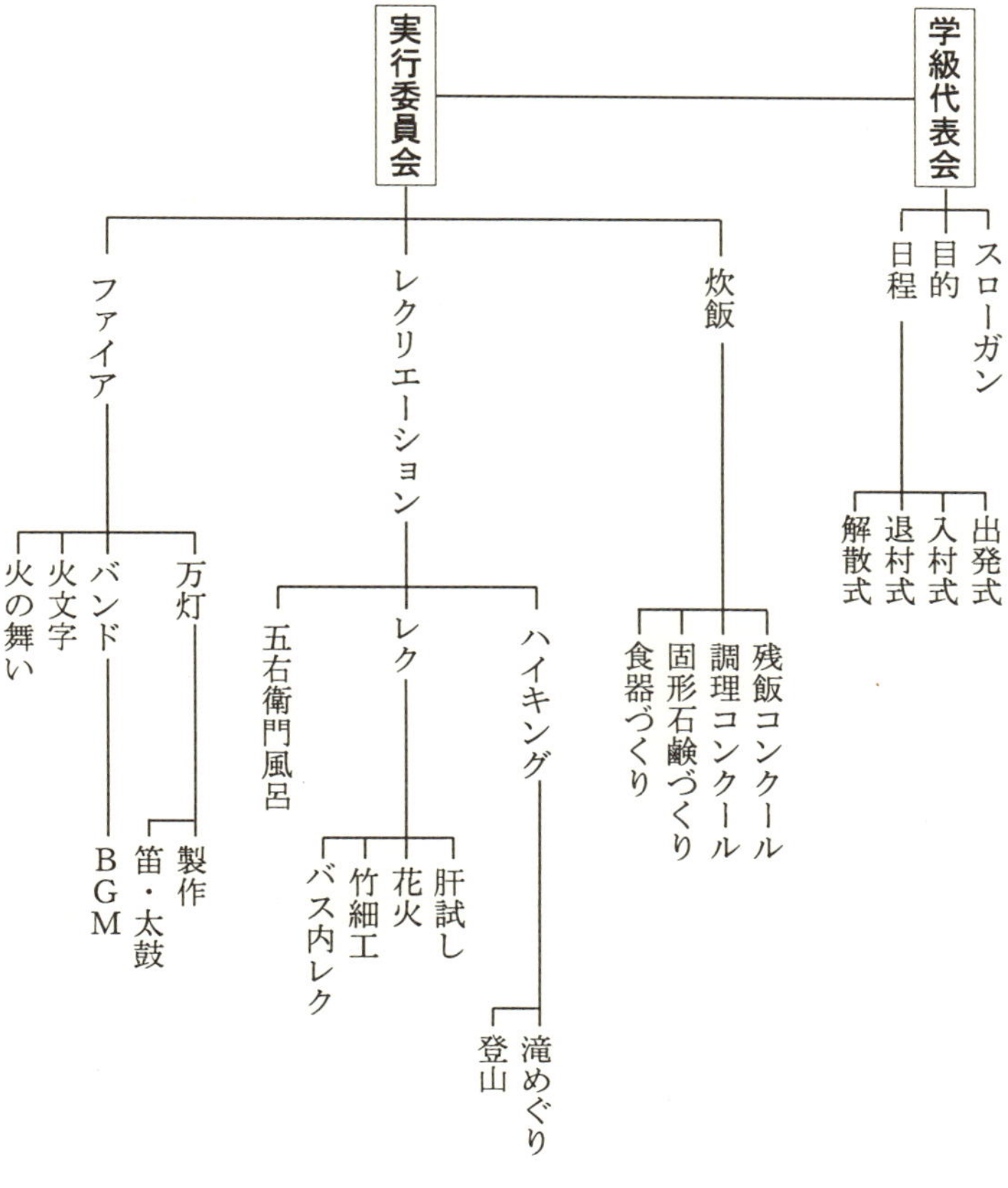
実行委員会
学級代表会
ファイア
火の舞い
火文字
バンド
BGM
万灯
製作
笛・太鼓
レクリエーション
五右衛門風呂
レク
肝試し
花火
竹細工
バス内レク
ハイキング
滝めぐり
登山
炊飯
残飯コンクール
調理コンクール
固形石鹸づくり
食器づくり
スローガン
目的
日程
出発式
入村式
退村式
解散式

た。泡立ちがいい割には油は落ちない。何度も洗っては乾かし…、それでも触れるとヌルヌルしている。水を入れてみるとかすかに油が浮いている。そこでみんなで相談した結果、ドラム缶の内側にペンキを塗り、油が浮かないようにするというグッドアイデアをもって、ペンキ屋さんに行った。そのペンキ屋さんは「油がついているところにはペンキはのらないから、ペンキを塗って油を抑えるというのは無理だね」と、あっさり否定されてしまった。そして次の日、再び洗った。もうこれくらいでいいだろうと割り切って、机の天板で風呂のフタ作りに入った。

一方、レクリエーション係は、バス内の往復のレクと花火大会、肝試し大会、竹トンボ大会を企画した。

バス内レクは、各学級に任せることにした。ただし、情報交換は密にしていく。歌集を作る場合、各学級バラバラに作るのではなく、それぞれの学級の必要な曲を全部入れた歌集を作る。さらに、そのカラオケもダビングして、統一してできることはまとめてやるようにしていった。

肝試しも、はじめは廃校になった所が使えるはずでかなり燃えていたが、その廃校はもう取り壊されてしまっていた。がっかりしたが、山の中腹にあるお寺を一回りしてくるということになった。

❖万灯祭の武者絵に着手

刈谷には、昔から伝わる伝統的なお祭りで「万灯祭」というのがある。百数十年前、大旱魃にみまわれ、秋葉神社で四〇日間の雨乞い祈願を行った。ちょうど満願の日の夕刻に雨が降り始めた。夕食の準備をはじめていた人々は行灯を持って外で踊り狂った。それがいつしか行灯の代わりに竹を骨にして張り子のように和紙を張り、武者絵を描くようになった。畳三～四枚分の大きさのものをひとりでかつぎ、笛、太鼓で町内を練り歩くようになった。交通規制が厳しくなる前は、一名「喧嘩祭り」と呼ばれ、かなり荒っぽい祭りであった。お互い町内の万灯の前を横切った、横切らないで喧嘩をする。すると調整役がおり、「まあまあ」と言っておさめ、祭りがつづくといったものであった。現在は、練り歩くだけに変身した。

阿部公雄、和田巧、中島司、大野貴志たちは、この「万灯祭」に小学生の時から積極的に参加している。彼らは、今回の林間学校で、ぜひ「万灯祭」をやりたいといって、キャンプファイア委員会に要求してきた。委員会としては、プログラムのメインとしてやってもらうことに決めた。彼らはさっそく、万灯の張り子の武者絵作りに入った。美術室で作っている。見ると、畳四畳くらいの大きさである。

角岡「それ、どうやって現地まで持っていくの?」

阿部「バスの中に入れる」

角岡「オイオイ、バスの入り口の大きさを想像できないの?」

阿部「うーん、ちょっと無理か。どうしよう…」

角岡「先生に考えて欲しい？　そんならもっと心を込めて『先生、お願いします』って言ったら、考えんでもないがな」

全員「先生、お願いします」

角岡「巧が、ヘラヘラ笑っていいかげんに頼んどる」

阿部「巧、しっかり頼め！」

中一のころ、巧と阿部は同じクラスで、サッカー部でもあった。当時は巧の方がヘゲモニーを握っていたが、やがて学年の行事等で行動的なリーダーに成長した阿部が優位に立ち、近ごろは両者の関係が逆転してしまっていた。もっとも六月のデイキャンプ遠足あたりから巧も飛躍的に成長したが、それでも阿部は平気で巧にこのように指示できるようになっていた。

わたしは旅行社に、バスのお腹の中の空間はどのくらいの大きさか聞いてみると、畳二畳弱なら入るということである。そこで、その大きさに作っていくことにした。いつも部活がすんで製作するからなかなか進まない。はじめは骨組み製作でかなり専門的な技術が必要なため、中島が一人で作っていたが、それも完成し紙張りになると、中島の指示を受けて巧たちも手伝うようになり、仕事が進みはじめた。

ところが、大野が手伝うと不思議と壊れてしまう。万灯用の和紙が破れたり、着色（染料）する時、指示通りに塗らない。「先生、なんとかしてくれ」と、中島が訴えてきた。大野はわざとやっているのではない。でも結果的に壊れてしまう。そのことはみんなもわかっているから大声で叱るわけにいかない。

その大野は笛の名手である。キャンプファイアでは笛を吹く生徒、太鼓を叩く生徒を募集する必要があるから、集まってきた生徒たちの笛のリーダーを大野に依頼した。実にかわいらしい顔をしてニコッとうなずいた。また、太鼓は巧に依頼した。部活終了後、ある町内から借りてきた太鼓で、ドンドン、ピーヒャラと景気のいい音が美術室の隣の製図室から聞こえてくるようになった。すると、三年生のワル君たちもうらやましそうにやって来る。時々太鼓を叩かせたり、笛を吹かせたりした。満足そうな顔をしていたので、思いきって太鼓や笛の指導者になるように依頼したら快く引き受けてくれた。このことがやがて一一月の文化祭の演劇出演へとつながっていく。

❖難航の万灯、ついに完成！

夏休みになると、製図室で笛・太鼓、美術室では万灯作り、美術室の真下の中庭ではキャンプファイアでの火の踊りの練習、炎天下の運動場ではドラム缶洗い、家庭科室では石鹸作り、印刷室では歌集作りと、刈南中のほとんどの特別室を占拠して林間学校の取り組みをしているといった感じであった。

キャンプファイア実行委員長の西村は、ファイアのプログラムを数人の実行委員と話し合っている。その中の一人鈴木宏が、「僕たち、実を言うとバンドを持っている」と言った。すると、西村はそれに飛びついて、「それ、いい。そのバンドで歌の伴奏をしよう。そのお礼に、宏たちに二、三曲のコンサートをやってもらう」と言うと、宏は、「じゃあ、木村たちと相談して来る」と言って出て行った。「ナマで演奏すれば音楽関係はうまくいきそうだ」と、西村は喜んでいる。やがて宏が帰ってきて、「OK」と言った。ただし全曲はだめ、「遠き山に日は落ちて」「燃えろよ燃えよ」はピアノのカセットにするということになった。

その他、フォークダンス、点火の仕方等の細かいことも決めていき、いつ、どこまでのことをやるかの日程を決め、西村と服部が点検していった。遅いのは万灯作りである。かなり高度のテクニックを必要とするために、誰でもが手伝うわけにはいかない。中島が必死になって製作する。手伝うことはせいぜい輪郭線にあたる蠟《ろう》を溶かしておくとか、染料を水に溶くこと、ごく簡単な着色くらいしかできなかった。それを少しばかり作り方を知っている大野が手を出すと、グシャーとなってしまう。怒った中島は、「向こうで笛吹いとれ！　頼むで手伝わんでくれ！」と言う。すると阿部が、「ハイ、貴志チャンはこっちへ来て、オニイチャンと一緒に笛を吹こうね」と言って連れ出す。でもなかなかできない。ついに出発一週間前になって見通しがたたなくなった。思いあまって中島は、「先生、毎日八時ごろまでやっていい？」と言いに来た。

わたしは、全生研全国大会（全国生活指導研究協議会夏の大会。この年は高知で開催）出発の前日であった。そばで聞いていた若い加藤俊也先生が、「僕が中島につきあいます。どうせ帰りはいつも八時ごろですから」と言ってくれたので、安心して高知に発った。後で聞いたところ、いつも二、三人の教師が中島の手伝いをし、いったん家に帰り、夕食をすませた阿部たちも来て手伝った。それで仕事がはかどり、出発前日にやっと、万灯は完成した。

III サバイバルに徹した林間学校

2年／三井 梨恵子

❖禁止、禁止の行事からの脱皮

一〇数年前、わたしが窓際族にされていて、行事の企画等いっさいできなかった時のことである。当時の学年副主任が学年集会で遠足の注意事項を発表していた。それを聞いただけでも窮屈で退屈なものであった。そして最後に「質問は？」と言うと、いっぱい出てきた。「ハイキングしながらおやつを食べていいですか？」「いけません」「弁当の後で、食べながら遊んでもいいですか？」「いけません」「帰りのバスの中でおやつは食べていいですか？」「いけません」と、ことごとく否定される。

生徒たちを見ると、だんだん悲しそうな顔になっていく。それでも許可されそうもない質問をくり返していた。わたしは、後ろでよく質問をしていた生徒に小声で、「質問はやめた方がいいよ。全部ダメと言われとる。なら、質問をしないで、現地で注意されたら『知らんかった』と言った方がいいじゃんか」と言ってやったら、「そうだよ」と、そこから指令が出て質問はなくなった。当日、遠足がどうであったかは忘れてしまった。質問もおやつのことに集中しているという、きわめて程度の低いものであったことだけは覚えている。

それにくらべると、といってもくらべるほどのものではないが、この学年の生徒たちは、一年生の時から行事はほとんど生徒たちの要求から原案をつくり、それを演劇を通して発表をしたり、総括集会をしたりしてきた。

一年生の六月、中学校へきてはじめての遠足。それは、とおく修学旅行に視点をおいたものであった。教師側も早い時期に子どもたちだけで冒険をさせたいという願いがあった。遠足の条件として、電車を利用すること、雨天決行ということだった。目的地の要求として一四カ所あった。それを見ると、バスでないと不可能な所もあり、また一泊しないとダメな所もあった。それらを消去していき、名古屋見学に決定した。

この原案をつくり、決定しておよそ一週間ほどたって、「名古屋見学トラブル撃退必殺ワザ大会」を、学級代表会主催で開いた。トラブルだけでなく、マナーも含めての二～五分の寸劇をつくって発表した。これは聞くだけでなく、参加と、それを共有することを狙ったものである。

❖遠足のトラブル撃退必殺ワザ大会

［電車の中］
電車の中で、生徒たちが座ってしゃべっている。そこへ老人が乗って来る。みんな知らん顔。突然、急停車。老人は転ぶ。生徒は無視。
同じ場面。老人が乗って来ると、すぐに席をゆずる。老人は「この前の生徒とはどえらい違いだ」と言う。「わたしたち、刈南中生だもん、よその中学校とはちがうの」

〔迷子になる〕

班で見学をしている。宇佐美がよそ見をしている時に、班の子たちは気付かずに置いて行ってしまう。宇佐美はハッとしてあちらこちらをさがす。そのうちにステージでステーンと転んでしまう。すると本当に泣きながら「イタイヨー」と言った（観客全員、あまりの迫真の演技に拍手が起きたほど。後で聞いたら、本当に転んでしまい強烈にひざ小僧を打ったという。劇がすんでから、ブルーリボン賞を授与した）。やがて、班の子たちと再会する。

〔不良にからまれる〕

不良にからまれて、一人がそっと抜け出す。その間にみんなはあっちのポケット、こっちのポケットをさがしたり、一〇円玉等の小銭を出したりして時間をかせいでいるうちに警察を呼んで来るといったコミック調の劇であるが、これはあまり実践的ではないので、解説で次のことを指導した。相手の顔、体つきの特徴をよくつかむ。服装等もよく見ておく。近所にお店屋さんがあったらそこへ飛び込んで事情を話す。

❖大爆笑「熊のエッチ」の寸劇

遠足が終わってから一週間後、総括集会を開いた。各班は自分たちの経験した、特に面白いところを一つ取り上げて、わたしのところまで提出する。わたしはそれを、ＯＨＰにマンガ風に描いて、集会で投影した。各学級では最も面白いエピソードを選出して劇として公演することにした。一年生の時の体育の教師、角岡昭彦先生（親戚）が、「主任、僕んとこの阿部や和田たちが東山動物園へ行き、そこで熊のエッチを見たって、興奮してみんなにしゃべっとった。で、彼らに劇をさせながら、性教育をやりたいんだけど、どうだろう」と、相談に来た。「いいじゃないの。ドンドンやりなよ」ともち上げた。出来上がった寸劇は――

班で動物園へ行ったら、だれかが「熊がエッチしてる！」と言ったので、みんなが熊の檻の前へ来る。すると、雌の熊にふんした巧、牡の熊にふんした阿部がやってきて交尾を始めようとする。すると、左千代がダンボールを直径三〇センチくらいの円に切り抜き、真ん中いっぱいに太く「禁」という字を赤マジックで書いて、それを棒に張り付け、ちょうど接触部分を隠すようにした。その演技がスケベということを通り越して、滑稽というか、とにかく生徒も教師も、のたうちまわるように笑い転げた。

その後、体育の昭彦先生が厳かに出てきて、

昭彦「この熊たちは、君たちのようにスケベ心でこういうことをやっているのではない。熊くんたちは子孫繁栄のために交尾をしてるんだ。自分たちの子どもを産むためにやるんだから、熊くんたちにとっては何も恥ずかしいことではない」

昭彦「さて、動物は交尾というけど、では、人間の場合は何と言う？」

巧「性交！」

昭彦「さすがにエッチの王者、巧くん、よく知ってるな（笑）。動物は交尾といい、人間は性交という。なぜだろう？　人間の場合も子孫繁栄が一番目だ。だけどそれだけじゃないんだ。もしそれだけだと、一組の夫婦は一生のうち、一回から三回くらいしか性交をしないということになる。だけど、みんなも知っていると思うけど、もっとやっている。

人間はほかの動物のように種族保存のための後尾だけでなく、お互い愛し合っている者同士、肌を寄せ合ったり、話し合ったり、顔を見合ったり、今までよりももっともっと深く愛し合うようになるためにSEXをする。だから気軽に『アッ、あの子、カッコイイ！』とか、『わあ、可愛い！』だけの、単純なことで性交をするもんではないということなんだ。こうしたもっとくわしいことは保健の時間にやろう。偶然、熊のエッチを見て、それを劇にしてみんなに見せた三組三班の子たちはとっても大切な話題を提供した。その三組三班の子たちに拍手！」

ということで、総括集会は単なるエッチ集会に終わらず、意義ある集会に終わった。このように遠足等の大きい行事には、よく寸劇等をさせて生徒たち自身がシミュレーションする中で、マナーとか注意すべき点を上げていった。しかし今回の林間学校では、生徒たちがあまりにも忙しかったので、こうした劇による集会はしなかった。

特に、男女間の付き合い方等を指導すべきではないのかということは、教師集団の中にもあった。でも、一年生の時から「性教育」は授業の中でよく行っているし、今回の林間学校でのテントは大きく八人収容できる。また、生徒がいるところはほとんど川原になり、死角になる所はないということで、まず間違いは起こさないという結論に達して、あえて指導はしなかった。

林間学校のしおりⅠ（スローガンと目的）

▼スローガン「自分で考え、自分で判断し行動しよう」

▼目　的

①サバイバル状況の中で、生きるちからをつける

・テント（一張り）、かまどなど、自分たちで設営する。

・食器（容器、はし、フォーク、スプーン等）は手作りにする。

・五右衛門風呂を作り、大自然の星空の中で入る。

・火を守る（寝たくない人は学級の火を一晩守りつづける）。

・川を愛する（川で洗濯をしない。頭を洗わない）。

・地球にやさしく（ゴミは出さない）。

②時間と空間を自分で判断して使うちからを養う。

・二泊三日を時計なしで生活する（腹時計、太陽の動き、星の動きを見て行動する。日時計の製作許可）。

・服装はその場その時に応じて自分で判断して着る。キャンプ生活であるということが重要なポイント。

・持っていくものは学級として必要なもの、係として必要なもの、班として必要なものは話し合って決める。おやつ等個人として必要なものは、自分で判断して持っていく。

・黙らなければならない時（各集会）、静かにしなければいけない時（寝る時）、話しをしたかったら、川原で火を守りながら静かに語り合う。

③仕事を分担してやりきり、協力性を養う。

✻仕事の分担――設営＝テント・かまど・五右衛門風呂・ファイア
　　　　　　　調理＝火おこし・御飯・おかず・容器作り

✻仕事をする時の態度

・その仕事に専念する（食事の用意をしている時におやつを食べながらやってよいだろうか）。

・気をきかせる（自分の仕事がすんだら何もしない。これでよいだろうか）。

✻マナーを大切に

・「ありがとう」「ごめん」「スゴーイ」「上手」等の言葉が素直に言えるようにしよう。
・「つかれた」「なんでぼく（わたし）がやるの?」等、人に不快を与える言葉は禁句にしよう。もっとも仕事に専念しておれば、そんなこと言わないでしょう。

④その他

安全対策として、火、雷、霧、川の注意事項。緊急のそなえとして、緊急事態が起きた時は教師の指示に従う。この時だけは自分の判断で行動しないということを確認しあった。健康管理の面で、原則的には「よく眠り、よく食べること」を奨励した。また、ケガ等による応急処置の仕方の指導もした。

林間学校のしおりⅡ（日程）

八月五日（金）第一日目

七：〇〇　＊ファンファーレ、吹奏楽部のトランペッター。

七：〇五　＊バスの中に荷物を入れたら出発式。

七：三〇　＊出発。

*昼食（天竜川川原にて）。

*入村式。テーマソング合唱。シュプレヒコールで決意。日程の確認。

*自由時間（自由時間中の仕事）――ファイア関係＝会場設営。レク関係＝肝試し大会会場確認・五右衛門風呂設営。炊飯関係＝かまど作り・食器作り・残飯ゼロを目指す。その他＝学級荷物入れ用テント張り。

一九：〇〇　*キャンプファイア予告ファンファーレ。

一九：三〇　*キャンプファイア（～二一：〇〇）

*自由時間。

*就寝（テントの中では寝る保証をする）。

*火の守（起きている保証もする）。火を絶やさない。

八月六日（土）第二日目
*起床、洗面、トイレ。
*朝食、昼食の準備。朝食をすます。
九：三〇　*ハイキングのためのファンファーレ。①登山コース、②滝めぐりコース、③荷物管理コース。

《グループ》・学級をこえてグループをつくってよい。
・人数は、二人～一〇人程度。
*昼食をとり、適当な時間に帰って来る。

*自由時間。

*夕食準備（何が入っているかわからない材料をクジで引く）。

*その材料で調理する（自由参加の「調理コンクール」）。

《レク企画》——肝試し大会、花火大会（前半は奇数学級が肝試し、偶数学級が花火。後半はその逆）。

*自由時間。そして就寝。

*火の守（語り合い、トランプ等。夜空を見て、星座、流星を見る）。

八月七日（日）第三日目
*起床、洗面、トイレ。
*朝食、出前をとる。
*後片付け（かまど、風呂、その他）。
一一：〇〇　*退村式のためのファンファーレ。

＊退村式。
＊船明ダムにて昼食。
＊学校到着。
＊解散会。

❖私服の生徒たちの輝き

生徒たちが登校するよりもかなり前に、わたしと副主任の雄二先生は登校した。というのは、当日、病気になった生徒の欠席の連絡を受けたり、バスの待機場への誘導等々のためである。そのうちに一人、二人と登校して来る。早く来た生徒はなぜかジャージを着ている。わたしが「どうしてジャージなの?」と聞くと、「うう〜ん、べつに…」という答えだった。ひょっとすると、私服で良いということを本人も親も信用してないのかなと思ったら、案の定、みんなが私服で登校してきたら、その子たちは早速私服に着替えていた。学校へは制服・ジャージ以外で登校してはいけない、という指導が徹底しているんだなということが身にしみてわかった。

そして、わたしであるが、登校して来る生き生きした生徒たちの顔がしばらくわからなかった。じっと顔を見て少したって、「ああ、この子は○男だ」「この子は△子だ」と確認できたほどである。ということは、わたしは制服を着て、名札をつけた生徒たちとしか「交わり」がなかったのである。そういう自分を恥じた。先ほどの、早く来ていたジャージの子を笑ったが、わたし自身の方がはるかに決められた範囲内でしか子どもを見ていない管理主義教育者ではないかと思ってボンヤリしていると、「先生、どうしてわたしをジッと見てるの?」と聞くものだから、あわてて、「うん、綾チャンがあんまり美しいもんでみとれちゃった」と、ごまかすと、「やっぱ、うふふ」と図々しくも喜んでいる。

そうした「交わり」をしながら生徒の間を回っていると、教師が心配したような派手な服装をしている子はいない。しいてあげれば、米軍の迷彩色の服を着てきた男子生徒くらいだろうか。これも、軍服というと、わたしは脳裏に戦争をイメージし、嫌悪感を感じてしまう。しかし、彼らにとってはなんら違和感もなく着ているのだろう。

そのうちに和田巧に会った。担任が一番心配していた一人である。紺のジーパンに白のTシャツである。どちらかといったら地味な格好であった。阿部と巧を後ろから見たわたしは、手を叩いて笑ってしまった。というのは、二人とも小学校時代のランドセルを背負っているではないか。服装とランドセルが見事にマッチしてナウイというか、とにかくセンス抜群である。

わたしが、「お前たちがこんなにセンスがいいとは思わなんだ」と激賞すると、「いいだらあ、オレたち二日ぐらい考えたもんな」と言っていた。まさにファッションというのは、ただ流行ばかり追うのではなく、自分にあったスタイルを作り出すものであることを、巧と阿部は示した。

女の子たちに「阿部君、巧君、カッコイイ!」と賛辞を贈られていた。

バスの中に、ドラム缶やら万灯やらを入れたりして準備も終わり、第一回目のトランペット隊のファンファーレが鳴り響いた。ぞくぞく校庭に集まって来る。今までだとジャージの紺一色だが、いろいろな色が点々としていて見ていても美しい。見送りに来た教師も、違和感を感じてないようだ。そして、バスは出発した。それぞれのバスでは、レク班の企画したスケジュールに従って、楽しみながらの旅である。

途中、浜名湖インターでトイレ休憩をした。さて、出発しようと思ったら、旅行社の若い添乗員があわてて走って来て、「先生! 生徒がジャージじゃないもんで、どこにいるかわからない」と、困惑した顔をしていた。添乗員はサービスで「もう時間だよ」と、トイレ付近で言おうとしたが、私服だから、だれに言っていいかわからない。それであわてて飛んできたというわけである。

これを聞いて、その添乗員には悪いが、わたしはうれしくなった。というのは、こうした団体旅行はだいたい色も形も統一した服装をしている。そのために見分けやすい。だから管理者(教師)は管理しやすい。このことは、教師と子どもたちが信頼関係にあり、時間と場所の打ち合わせさえしっかりすれば、きちんとその時間と場所に集合できることを証明したからである。事実、生徒たちは時計がないから用をすませばさっさとバスに戻っていた。

❖川原での思わぬトラブル

天竜川の川原で昼食をした。記録的な暑さのため全員、音を上げてバスに戻る。そのため石神の里には三〇分近く早く到着した。その川原に行って驚いた。二週間ほど前に、その付近一帯に大洪水がきたので、川原の地形が少し変化したということは聞いていた。「少し変化した」という言葉にだまされた。というのは、キャンプファイアをやるのに格好の場所であったその川原が、大洪水のために川ができて二分されてしまっていたのだ。

旅行社もそこまでひどくなっているとは思っていなかったようだ。早速わたしとファイア担当教師、実行委員長、副委員長、そして管理人と旅行社の六人でファイア場さがしに出かけた。川を下ること一〇分くらいの所に、少し狭くて段差があるが、工夫すれば何とかなりそうな所が見つかった。しかしフォークダンスは無理かもしれない。

早速、旅行社の人に役場と消防署へ行ってもらい許可をとってもらった。それからやっとキャンプファイア委員の活動が始まった。井桁を組み、まわりには各学級目標の火文字、さらに林間学校のスローガン「自分で考え、自分で判断し行動しよう」の設置が終わった。その間、わたしは食器作りの指導にあたっていたので、問題の場面は見ていない。

仕事もひと段落ホッとしている時に、その川原の土手つづきになっている家のおばさんが、「ここはワシンとこの家の土地だから、勝手に使っちゃあいかん！」と、どなってきた。すると、実行委員長の西村が、「川とか、川原は村のもんではないんですか?」と、くってかかった。「何言っとるか！　ここは昔からワシンとこの土地だ！」と、どなりかえしてきた。そこで担当の住田先生が中に割って入り、「わたしたちは村役場と消防署の許可をもらっています。なんなら許可証をお見せしましょうか」と言ったら、「こんな大きな火文字を作ったら、上の木に燃え移るわ」と言ったので、まずそんなことはないと思ったが、おばさんの言う通りに火文字は人の背の高さにまで下げることにした。

その作業をしている最中に、おばさんは近所のおじさんまで連れてきて悪態をつきはじめた。「こんだけ言っても止めんのか。それでもお前ら人間かあ」と言った。林間学校がすべて終わり、学校へ帰ってから担当の住田先生、水野先生は、「『お前ら人間かあ』と言われた時、キレル寸前だった。生徒たちもよくがまんした」と、腹立たし気に言っていた。

こうした悪態を聞いて、再びわたしと旅行社の人とで、役場と消防署へ直行して事情を話した。消防署の人は現場にすぐ来てくれて、安全だからと言ってくれ、ファイアが始まったら立ち会うとも言ってくれた。その消防署の人が「先生、菓子折りでも持って行った方がいいんじゃない」と言うのを聞いて納得した。前もって、「お騒がせします」と、あいさつに行けばどうってことなかったのかも知れない。そこに気がつかなかったわたしたちのミスだった。

❖竹で作ったスプーンにフォーク

キャンプファイア場でこのような事件が起きていることは、だれも知らずに夕食の準備をしていた。わたしは、このファイア場のゴタゴタは担当の教師と実行委員会に任せて、再び食器作りの指導をした。現地の人が竹を切っておいてくれたので、その竹を使って食器作りをする。各班一人ずつが自分たちの食器を作る。ノコギリで切るだけの簡単なコップ作り、お皿作り、さらに高度なナイフを使って、箸、スプーン、フォーク作りにも挑戦させた。

ナイフなどをあまり使ったことがない生徒たちである。鉛筆ですらうまく削れない。ましてや箸、スプーン、フォーク等はなかなかできない。右足の股のところに雑巾をのせ、右手でナイフを固定させて、左手で竹を引っ張って動かせば良い。はじめのうちはなかなかできないが、やがて真っ直ぐな箸らしい箸ができはじめ、生徒たちは歓声を上げている。わたしから見ればギザギザだが、しかし食事を始めると、わたしが作った箸よりも生徒の作った箸の方が人気がある。それは、ギザギザで下手であるためにうどん等がつかみやすいからである。今度は、箸の使い方を指導しないといけない。

一つの班は六、七人で構成されている。その中で一人は食器作り、一人はファイアか五右衛門風呂作り等と、それぞれの仕事に行ってしまう。だから残った四人くらいで炊飯の取り組みをし

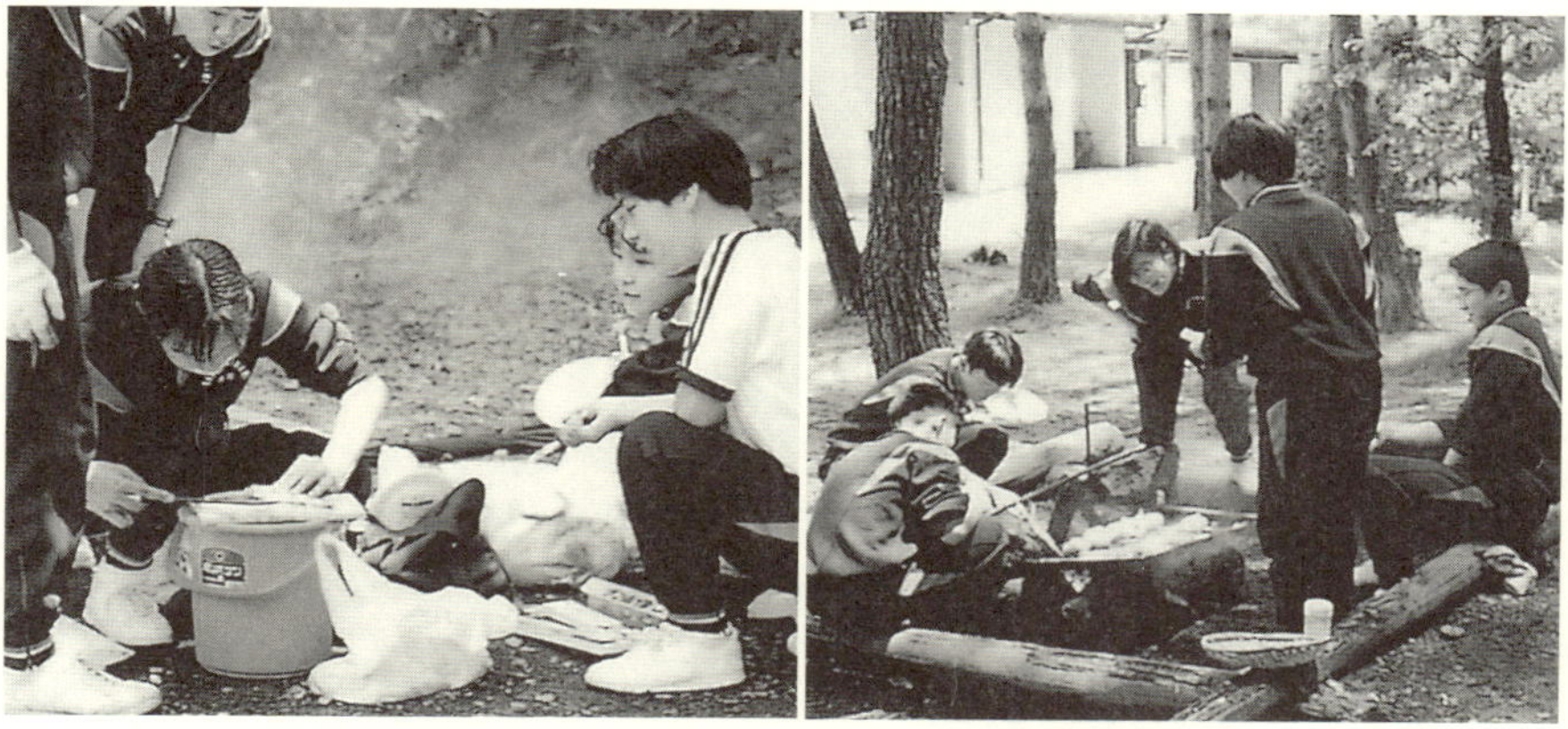

釣った魚を班ごとに料理。これはデイキャンプの時の光景。

ないといけない。すると、さぼるわけにはいかない。火を起こす、米をとぐ、おかずの準備等と、仕事を分担してやらないといけない。

中には何をやってよいのかわからずにボケーと立っている生徒もいる。その生徒にどのように指示をしたらよいのかがわからない班長もいる。そういう班へ教師は段取りをつけて、班長に指示の出し方を指導していかねばならない。よく炊飯指導等で、教師が一生懸命になって火を起こし、生徒は周りで立って見ているだけという場面に出会うが、これははっきり言って指導性のない教師といっても過言ではないだろう。

❖体験を共有する「共同」の世界

夕暮れになると、それぞれの取り組みを終えた生徒たちが帰って来る。夕食もできている。特にファイア係の生徒は、「あのババーとジジー、ムカツク!」と、ことのなりゆきを興奮してしゃべっている。はじめて聞く生徒も一緒になって怒っている。どの班も自分たちの取り組みを話してお互いの体験を共有している。これらを聞

鉄板で焼きそばづくり。「先生、おいしいですか？」

きながら、こうしたことが本当の意味での〃共同〃ではないかと思った。グループ内で全員同じことをやって協力性を養うのではなく、いろいろな取り組みを、夕食をとりながら話し合う、それが現在の家庭ではあまり見受けられない。こうした〃共同〃をいろんな場面でつくりだしていくことが、今の教育では大切なことではないだろうか。またそういうことが総合学習となる。

❖万灯の武者絵が踊るキャンプファイア

あたりがうっすらと暗くなりはじめたころ、遠くファイア場から集合予告のトランペットが鳴り響いている。途中、浅いけど川を渡らないとそこまで行けない。わたしは、ひょっとして何かに使うかも知れないと、一キロワットのスポットライトを持って行った。行きはまだ薄暗がりだからよかったが、ファイア終了後は真っ暗である。そこを渡る時、何人かは川に落ちたかも知れない。浅いから危険ではないけれど、

おばさんの抗議で縮小された火文字（上）。
武者絵が踊り狂う「万灯」（下）。

ぬれて風邪を引くということも考えられる。そこで一キロワットの効力が発揮された。思いついたことは何でもやってみるものである。どこで必要になるかわからないから。

キャンプファイア場は、周りが山で、その真ん中に川が流れている。だからファイアを始めるころ、あたりは真っ暗になり、井桁に点火するまで何も見えない。特に、ＢＧＭの伴奏者は鍵盤も見えない。実行委員長の西村が気をきかせて、楽器に懐中電灯を当ててのりきった。点火をしてからはそうしたことは解消した。しかしいかんせん、井桁が小さいので火の勢いがない。

プログラムも進み、やがてハッピ姿のいなせな若い衆が現れ、笛、太鼓にあわせて、万灯の武者絵が踊り狂う。これも小さいけど万灯の中にバッテリーが入っているからかなり重い。万灯のかつぎ手が次から次へと変わる。中には女の子も挑戦している。そして、みごとにかつぎ、成功して拍手喝采をえている。ファイアも最高潮に達し、静かに、静かに、余韻を残して幕を降ろしていった。みんなが帰った後で、実行委員会は全員手を取り合って「やったぜ！」と、感激に浸っている姿が印象的だった。

ファイアも終わり、川原では五右衛門風呂実行委員がせっかく風呂をわかしたのに、なかなかみんな入りに来てくれない。空しく待っていると、やがてヒョーキン者の近藤雅仁が来た。風呂から出た雅仁は、「でーれー、気持ちがいいぞ」と、テント中に宣伝したので、男子も女子も水着を着て順番を待つほどの大盛況になった。きっと風呂実行委員は、近藤が〃神からの使者〃に見えたのではないか。

「いい湯だな…」と歌いたくなる。

❖学級をこえたグループハイキング

二日目のハイキングの特徴は、学級をこえたグループをつくったということである。遠足等で生徒たちがいやがるものとして、「私服でない」「時間に束縛される」「グループの枠にしばられる」というのがある。今回は「私服」と「時間」の問題はクリアーされた。しかし、グループのつくり方はどうするかという問題が出てきた。すべてのグループを自由にする必要はないのではないかというのが、実行委員会も教師も共通した考えであった。特に炊飯の時は、学級内の班で計画し、みんなで取り組むということが目的の③（仕事を分担してやりきり、協力性を養う）にあるということで合意した。

しかし、ハイキングは班ごとに行動する必要性はない。班の中で、登山したい生徒、滝めぐりをしたい生徒、さらに体調を崩し、どこへも行けない生徒もいるであろう。そうなるとなにも班にこだわることもなく、いや、学級にこだわることもなく、学年全体を視野に入れたグループづくりをしていった方がより自然ではないのかということになり、「学級をこえたグループづくり」にした。人数は二人～一〇人。登山もハイキングも困難な道ではないから二人でもいいだろう。一〇人を越えてしまうとまとまらなくなるから人数制限をした。どうしても一二人のグループを必要とするのなら、六人ずつ二つのグループをつくればいい。そのへんのところは教師が指導しなくても臨機応変にやればよい。

身体が弱く、医者から過激な運動をとめられている生徒、さらに当日、調子が悪くなり、どうしてもハイキングに行けなくなった生徒はキャンプ場に残らざるをえない。そうした生徒にも堂々として残れるように、「キャンプ場管理係」として取り組んでもらうことにした。「居残り」というと、なにか後ろめたさがある。林間学校に参加した以上、たとえハイキングに参加できなくても、みんなと同じような参加意識が必要だと考えたからである。

二日目の午前九時三〇分、トランペット隊のファンファーレが高らかに鳴った。すると、弁当と水筒を持ったグループが三々五々集まってきた。予定通り一番遠い「観音寺登山」隊が地元案内人の先導で出発した。つづいて「男滝めぐり女滝めぐり」隊の出発である。見送りは医者に過激な運動を止められていた生徒三人と、校長、わたしの五人である。残った三人の生徒は木陰でおしゃべりをしたり、澄み切った川でサワガニを捕ったりしてゆったりと時間を過ごしている。

❖竹細工大会より水遊びを

昼食をとっていたら、もう帰って来る生徒がいた。教師も時計がないからわからなかったのだろう。このとき教師の一人は時計があった方がよかったのかも知れない。だけど、昼から時間を持て余すのもいいだろうと思った。なぜなら刈谷に戻ったらこんな経験はまずないだろうから。

キャンプ場に戻った生徒のほとんどは、川に入ってサワガニを捕ったり、小魚を浅瀬に追い込んでつかまえたり、二メートルくらいの岩から川の深みに飛び込んだりして遊んでいる。時間を持て余すどころか、キャーキャー言って遊んでいる。昼からはレクリエーション実行委員会主催の「竹細工大会」を計画していたが、とてもではないが、ここで中断できる雰囲気ではない。実行委員長と担当教師とわたしとで、竹細工はいつでもできるが、ここでしかできない水遊びをいやになるまでさせようと、竹細工を中止することにした。

というのは前述したように、この年の東海地方は異常な暑さと水不足のため、プールに入れない状況であった。そのために生徒たちは水遊びに飢えており、ものすごいはしゃぎようであった。

普通、学校行事は、時間がきたら、たとえ生徒が遊びに熱中していても止めさせて次の計画を実施していく。しかし私たちの判断は違った。ここで「竹細工大会」をやめたのは、その場に応じて生徒たちの要求をくみとり、対応していく柔軟性を、実行委員会と教師の双方が持っていたということである。

ついでに言うと、こうした行事等の指導者は、行事活動を「計画的」かつ「即興的」に組織するちからを持っていないといけないと思う。生徒の要求というのは、企画をする段階でだけ要求を出させるのではなく、運営の過程においても生徒の要求を感じ取り、検討し、受け入れる感覚と態度が教師には必要である。

生徒たちは水遊びを堪能し、ひと休みして、やがて夕餉の支度に入っていった。さんざん遊んで腹もへってきたのだろう。いつまでたっても遊んでいる男子に、女子が「巧君、早く来てマキに火をつけてよ」などと、呼んでいる声があちらこちらから聞こえてくる。まさに自然の中で時間がゆったりと流れているといった感じであった。

❖問題児和子の不良ブレスレット

二日目の夕方から夜にかけては、「調理コンクール」と、レク実行委員会主催の「肝試し大会」、「花火大会」があるだけである。初日のキャンプファイアのように気を入れて取り組むといったものではなく、自分のペースで行動できる。計画されたすべての行事も終わり、多くの生徒は川原の広場に集まり、たき火をしてそれぞれが自由にくつろいでいる。数人がグループをつくり、そのグループが昨日とは入れ替わったりしている。

実はこの時、わたしはかなりの酒を飲んでいた。というのは、ファイア委員長の西村学が竹飯づくりをしており、竹飯には少量の酒を入れて一緒に炊くと非常においしくなるというので、ワンカップの酒を持参してきた。しかしその酒はほとんどあまってしまう。ちょうどそこへわたしが通りかかった。「先生、飲む?」と言うので、「おお、気がきくなあ、さすが西村」とほめたら、隣の班も「先生、これも飲んで!」と言って持ってきたのが、七～八カップ。そのうちおかずができてくる。西村の班の所にどっかと座り込み、「まずい!」等と憎まれ口を叩きながら飲んだり食ったりしていると、隣の班からも酒の肴の差し入れがあったりして、わたしとしては非常に楽しい夕食にありついた。

肝試し、花火も終わり、たき火をするころ、わたしは完全に出来上がっていたのであまり覚えていない。わたしは、女子では問題を抱えるトップの鈴木和子のいるたき火の所に座った。石神の里についた時、和子が不良ブレスレットとネックレスをつけはじめた。ブレスレットとネックレスの周りには金属製のトゲのようなものがついている。なにかの拍子に生徒と接触したら危険である。

角岡「和子、すっごいカッコいいブレスレットとネックレスをやっとるじゃんか」

和子「カッコいいだらあ」

角岡「それ、貸して」

和子「いやだあ」

角岡「いいじゃんか、先生もカッコよくなってもてたいもん。和子はそんなんやらんでも可愛いもんで、もてるだらあ」

和子「やっぱ、わたしが可愛いこと、先生わかる？　センスいい…。でも先生、その年になってもてたいの？」

角岡「もてたい」

和子「しょうがないなあ、じゃあ、貸してやるわあ」

角岡「ありがとう、和子って、可愛くてやさしいね」

というわけで、ブレスレットは腕にはまったから借りたけど、ネックレスはどうしても首にはまらなかった。だから仕方なく返すと、和子はネックレスだけやっていてはカッコ悪いからと言って、バッグにしまってしまった。

このようなことがあったから、たき火をしている時に、わたしは和子の隣に座ったのだと思う。そして、たき火を囲んで和子たちと『翼をください』を歌った覚えはある。一一月の文化祭で劇「翼は心につけて」を上演する予定で、その時の主題歌がこの歌だった。多分、合唱隊を募っていたので和子たちを勧誘するつもりで歌ったのだろう。

「翼は心につけて」は二〇数年前の実話で、中三の鈴木亜里は骨肉腫という骨の癌になり、右腕切断、努力して高校受験をして見事合格したが、入学式の数日前に帰らぬ人となってしまった。その亜里の生きざまを描いた劇である。

当時の三年生は器物破損などでかなり荒れていた。そこで、わたしは老骨にムチ打って（?）「生きる」ってなんなのかを、彼らに教えたいためにこの台本を選んだ。いくら酔っぱらっても劇のことが頭から離れなかったのだ。だから、わたしの酒の飲み方はたとえ前後不覚になっても教育一筋をつらぬいとるんだと、教師仲間に自慢している次第である。

❖時計のない生活の幸せ

三日目の最終日、早めに後片付けをした。時計がないのでいろんな取り組みは早め早めにしていく。後は帰るのを待つだけである。時間にして二時間ほどあっただろうか、その時間帯に幾通りかの生徒が見られた。

・最後の時間を水と思いっきりたわむれる。
・水泳、水のかけっこ、サワガニ・魚捕り、川に足をつけて語り合う。
・テントの中にいる。
・寝ている、トランプをしている、マンガを読んでいる。

わたしとしては、こんな機会はめったにないんだから、水とたわむれた方がいいと思うんだけど、まあ、ここまで来てもマンガを読んだり、トランプをしたりする根性を認めるか、と思って通り過ぎた。

わたしも美しい川に足を突っ込んで涼をとりながらスケッチをしていると、実行委員の水野可奈子が「先生、時計なしの林間学校なのに、時計を持ってきた子が二、三人いるよ。…でも、その子たち可哀想だね。だって、時計がないって、はじめは不安だったけど、こんなに楽しいとは思わんかった。それが経験できないんだもん、絶対可哀想だって」と言ってきた。

こうした違反者に対して、普通は「あの子たちはずるい。自分だけいいめをして」と言うが、可奈子は「こんないい経験ができないなんて可哀想」と言う。こうした発想、これが大切である。多くの教師は違反者に対してすぐに怒ってしまうところがある。そういう意味では、可奈子はすぐ怒る教師よりもはるかに指導性がある。

❖和ちゃんをテレさせた解散式の言葉

やがて、三〇分前にトランペット隊によるファンファーレが鳴り響いた。土曜日ということもあって、次のキャンプをする人でごったがえしている。さらに猛暑である。だから退村式は中止して、早々にバスに乗り出発した。多くの生徒は自分の席に座るや、コテンキューと寝てしまった。二日間も徹夜をした猛者もいた。どの学級もこのことを見越して、帰りのバスレクはほとんど計画してなかった。

学校への到着は、予定より一時間も早くついてしまった。というのは途中の休憩もなし、トイレ休憩も五分くらいで終わってしまったからである。学校に着いても暑さは変わらない。そこで生徒たちを学級ごとにケヤキの木に下に座らせ、解散式を行った。

学年主任のまとめで、次のようなことを言った。

▼キャンプファイア実行委員会——あのきびしい状況の中で、よくぞくじけずに取り組んだ。
▼阿部公雄、和田巧——ランドセルがナウい。ファッションセンスが抜群である。
▼鈴木和子——角岡先生にブレスレットを貸して、カッコよくさせた。
▼西村学——角岡先生に酒を飲ませて陥れた。西村は悪いヤツ。

▼全体的――そこの場でしかできないことで楽しめた子が多かったので嬉しかった。生徒たちを全員見送って、教師集団は職員室で冷たいお茶でのどを潤している時に、ベテランの石部由貴子先生がわたしのところへ来て、「先生、わたし、さっき、涙が出ちゃった」と言った。「どうして?」と聞くと、「まとめのところで、和チャンのことをほめたでしょう。あのとき、和チャン『イヤー、てれるぅ～』って、とっても嬉しそうな顔してたの。わたし、指導ってこういうことなんだなって思ったの。わたしたちは生徒が違反すると、すぐに注意をするじゃないですか。それではだめなんですね。わたしのカンだと、和チャン、立ち直ると思うよ」と、石部さんにほめられてしまい、気分よく帰宅した。

❖生徒たちの総括

二学期が始まった。休み明け第一週に実行委員会が中心となり、各学級で総括原案をつくり、それをまとめて総括をしていった。

▼スローガン「自分で考え、自分で判断し行動しよう」

・だれかがやってくれるのではなく、自分がやらなくてはいけないので、自分で考えるちからがつき、自分で生きぬいていくちからをつけると共に、自分を成長させた。

・「自分で」ってところがサバイバルらしくていい。

・人によって考え方が違うことがわかった。
・自分がそう思えば、何をやってもいいという人がいた。特に自分から動かない人は普通の林間学校と一緒。
▼目的「サバイバル状況の中で生きるちからをつける」
・何もないところで、食器づくりから炊飯までできた。自分たちで作った食器で食べた御飯には感動した。
・身の回りから文明が消え、自然のよさが存分に味わえた。
・いつもあるものがないので、なんとかしようとみんなで考えた。
・自然と、サバイバル気分を味わわない人がいた。美しい川があるのにマンガを読むことないでしょう。
▼目的「時間と空間を自分で判断して使うちからを養う」
・時計なしという一生経験できないかもしれないことができた。
・いつ何をやってもいいし、ほとんど自由だったから、自分で判断することが大変だったが、大いに楽しんだ。
・服装もむちゃくちゃな物を着てくる子はなかった。
▼目的「仕事を分担してやり切り、協力性を養う」

・一人ひとりが最後まで自分の仕事ができた。
・二日目から要領がわかり、協力できた。
・仕事を分担しておいたので、当日迷わずにできた。
・「わたしがやってくるわ」と、自分から仕事ができた。

このほか、各実行委員会の総括もし、今後の行事、特に「米づくり」、さらには最大の楽しみ「モチつき大会」へ、総括をどう生かすかを話し合っていった。林間学校副実行委員長の尾嶋あゆみは、二学期始業式で全校生徒の前で、次のように林間学校のまとめを代表として報告した。

林間学校で学んだこと

◆林間学校副実行委員長　尾嶋あゆみ

今年の林間学校は、今までと少し違う林間学校です。どこが違うのかというのはスローガンや目的から見てもよくわかります。例えば目的の一つにこのようなものがあります。「時間と空間を自分で判断して、使うちからを養う」。この目的から、「服装は自由」「おやつの値段は自由」「時間配分はなく、ほとんど自由時間」等が決められました。このようなことが決められた時から、わたしたちの頭の中には「自由」という言葉が深くしみつき、解放感でいっぱいでした。

一日目、キャンプファイアがありました。万灯祭りをやったり、火の舞いをやったり、ゲームをやったり…大成功でした。

一日目が始まった時、何か不安がありました。それは、時間配分が決まってなく、時計がない。わたしたちはいつごろ夕食を作りはじめればいいのかわかりません。そのような時、いつも先生に聞きに行き、指示されたように動いていました。しかし、わたしたちのスローガンは「自分で考え、自分で判断し行動しよう」です。スローガンが守れるように、先生たちは何も指示してくれません。いつものように指示がないのでスムーズに行動できない。それがわたしたちの不安だったのです。しかし、みんなでなんとかのりきりました。

こんなことではいけないと思い、二日目からは先生に頼らず自分で行動に移せるように努力しました。そして、三日間というのはアッという間に過ぎてしまいました。

今まで自分で考え、判断するところまではできたのですが、行動に移すということがなかなかできませんでした。この林間学校で、わたしは、「自分から動こうとしなければ、なにもはじまらない」ということ、「自由の裏には、必ず責任がある」ということを学びました。

この林間学校で学んだことを、これからの生活にいっぱい生かしていきたいと思います。

Ⅳ 新しい立志式

2年／服部 泰裕

❖刈南中伝統(?)の「立志式」

立志式――、名前を聞いただけでいかにも復古調といった感じである。刈谷市の中学校では、八〇年代後半からこうしたことをやるようになった。多分、わたしの推測であてにはならないけれど、非行の嵐がややゆるんだ時、中学校二年生に立志式を厳かに行うことにより、「大人になった、だからもう問題行動なんか起こさない」という決意をもたせるために始められたのだと思う。

中学二年生といえば、少年期から青年期への移行の節目であるから、時期としてはまちがいはない。昔の元服に似ている。元服は子どもから大人へのイニシエーション(通過儀礼)である。これは、各国いろいろな種族の中にも多くある。例えば、片足を縄で縛り付け、高い木から飛び下り、地面すれすれのところで止まる。それをすることよって、村中の人たちが一人前の男として認める。

このようなイニシエーションなら意義がある。しかしその形式だけを年齢に当てはめて、「立志式」と称して体育館等に父母を集め、クリスチャンでもないのにキャンドルサービス等をして、「お父さん、お母さん、僕たち、わたしたちは、今日から大人の仲間入りをします」と、学級代表たちが決意のようなことを言う。そして、校長と学年ＰＴＡの委員長がお祝の言葉を贈る。わたしはある学年の時に見たけれど、はっきり言って空々しく、とてもではないけれど、その場にはおれなかった。生徒はざわついている。父母もしらけきっている。

こうした、背筋がゾッとするようなことは、前の学校にいた時は無視してやらなかった。もちろん、刈南中へ来てもやるつもりはなかった。ただし、米づくりの締めくくりとして、父母を交えての収穫祭、「モチつき大会」はやる予定であった。期日は二学期終了一日前である。そのことを校長に報告に行くと、「その時、ぜひ立志式をやってくれ」と言われた。つまり、立志式は刈南中の伝統になっているというのである。

わたしは、「校長先生はよく『立志式は刈南中の伝統』と言うけど、立志式をやることによって生徒たちが身も心も大人になるとは思えない。現に今の三年生なんか器物破壊ばかりしているじゃないの」と言うと、「どのような形式でもいい。角岡先生が思う通りでいいからやってください」と言われて、そこまで言われてやらないわけにはいかないなあと思い始めた。と同時に、モチつき大会の前に、セレモニー的なことをやっても面白いかなとも思いはじめた。

❖劇「翼は心につけて」での悪戦苦闘

二年生の教師集団で、校長から立志式実施を厳命されたことを伝え、具体的には、カーニバル的な「モチつき大会」をやることは当然であるが、セレモニー的な立志式をどうするかを中心に話し合った。結局、キャンドルサービス的な発想の域をでなかった。それではダメだと、だれもが感じていた。

石部由貴子「大きく『モチつき大会』と『立志式のセレモニー』にわけて、モチつきの方は副主任の鈴木先生、セレモニーの方は角岡先生が中心になって案をつくってもらい、わたしたちが生徒たちと動いていく。それでいいでしょ、みなさん」

全員「賛成！」

角岡「オレ、やだよ。立志式なんか全然やりたくないって言ってたの、みんな知っとるだろう」

由貴子「指導的なことは主任と副主任が担当し、行動的なことはわたしたちがやるからお互いがんばりましょ」

ということで、無理矢理押し付けられてしまった。リーダーには指導的なリーダーと、行動的なリーダーとがいるということをいつも言っているので、そこをつかれてしまい、やらざるをえなくなった。

実は数日前まで、文化祭で「翼は心につけて」の劇に取り組んでいた。この劇の主役の鈴木亜里役にはアイドル的な存在、二年生の山口安奈を起用した。というのは、三年生のワルを劇に引き入れようという作戦で、脇役の医師、教師、亜里の恋人、そして、裏方の照明、音響、舞台装置を三年生に頼んだ。彼らは安奈の手前、いやと言えないので承諾した。一方、劇中のワルガキに元生徒会長、学級代表を起用した。

この取り組みで感じたことは、一〇数年前ならボスが舞台で稽古をしているときは子分はそれを黙って見ていた。つまり、タテの統制がビシッととれていた。しかし、現在はボスが稽古をしていても、体育館の後ろでバスケットボールで遊んでいるからすごい音がする。稽古中のセリフなんか何も聞こえない。たまたま三年生の学年副主任が来たので、「オイ、何とかしてくれ」と言ったら、「わかった、あいている先生に来させて注意させるわ」と、職員室へ行った。やがて、若い男の教師が来た。ところがその教師は生徒と一緒にバスケで遊び始めるではないか。わたしはキレるのを通り越して、怒りが頭の中で大爆発しそうになった。

これではいけない、なんとかしなくては。そこで、みんなを集めて、「二分だけ集中して稽古をしよう。そしたら五分間休憩するから」と、約束させて稽古をした。その日は二分五分、二分五分と、稽古と休憩をくり返した。次の日は三分、次は四分と、稽古時間をのばし、リハーサルまでになんとか二時間半の公演時間にまで集中させることができた。

こうして、精も根も使いはたしたすぐ後である。立志式の取り組みが出てきたのは。しかし、学級代表はやる気まんまんである。話し合った結果、「劇をやる」「スライドで一、二年の取り組みを見せる」の二つが出てきた。

❖新しい立志式をどう作るか

角岡「それから？」
林加緒利「それからって、それだけやれば時間は十分じゃん」
角岡「ふーん。で、劇は何をやるの？」
森田元章「そりゃア、二年生で取り組んだ最大のものとして、林間学校と米づくりの二本だな」
角岡「スライドは何をするの？」
太田浩徳「立志式だから一年生からのスライドがいい。入学式から現在までの写真をスライドにして写していく」
角岡「なるほど…。で、スライドの時間はどのくらいかかるかな」
太田「三〇分くらいかな、それ以上やると、あきてくるからなあ」
角岡「劇も一本一〇分として二〇分。スライドと合わせて五〇分。加緒里チャン、五〇分で十分かい？」
加緒里「十分じゃないよね…。なんだん先生、加緒里チャンなんて、イヤミッぽく言わんどいて」（笑）
角岡「セレモニーの方は後でだんだん充実していくとして、まず『モチつき大会』と『セレモニー』の中心になる子は、ここにいる学級代表がなる。そしてどのようにやりたいかを話し合う。その話し合った内容を先生のところへもってくる。これぐらいのことは先生がいなくてもできるだろ。できなければついていてあげるけど」

尾嶋有香里「いいよ、いなくても…。先生、さようなら」

わたし自身は、行事を次のようにわけている。

カーニバル（祭り）的側面としての行事。この学年だと、これまで取り組んできた林間学校、米づくりなどの成果、そして、そのための要求や主張、願いや理想をかかげたものを生徒や父母の前に発表し、明るくわきたつような感情的なトーンで彩る。

セレモニー（儀式）的側面としての行事。祭り的な側面で表現された、明るくわきたつようなちからをそこで終わらせるのではなく、二年生が三年生になって、今よりももっとすぐれた集団を創造できるよう、厳粛できびしい感情的なトーンで彩る。

以上のようなものにしたかった。しかしセレモニー的と言っている劇とかスライドは、かなりカーニバル的な要素を含んでいる。したがって正確には、体育館で実施する劇等はセレモニーとは言わない。ただモチつき大会と区別するために、便宜的にセレモニーと呼ぶことにした。わたしはこの時点では、キャンドルサービスなどやりたくなかったから、まだセレモニー、つまり、儀式的なことは見えてなかった。まあ、そのうちになんとかなるだろうと、軽いノリで取り組みはじめていった。

❖大河内君いじめ死事件の衝撃

セレモニー部門になった学級代表は立志式スローガンの原案として、「一九九四、みんなの夢、大空へ」をつくり、学級討議の結果、満場一致で決定していった。

わたしは考えた末、「米づくり」で得た収入、およそ三〇万円をどのように使うかのパネルディスカッションをする。スライドは面白い写真をセレクトしてスライド化して、そこにコメントをつける。そして劇をすることにした。

劇は、このごろの中学生をコミック調に描いたものをやる。つまり、友だちはいるが、本当の意味の「交わり」がないためになにかおかしい。それをシリアスにあつかったものが文化祭の「翼は心につけて」であった。それをもっと身近な問題としてあつかった劇にする。

例えば吉岡貴子。長身で、ものごとにくよくよしない。そのために小学校から中一までいじめの対象になっていたという。わたしから見ると、どうしていじめられるのかわけがわからない。わたしがちょっかい出してもうまく切り返してくるし、廊下で男の子に会うと、「A君、好きよ！」なんて言うから、「うるせい、お前なんかにそんなこと言われたくねえや」などと言われている。そうしたキャラクターがわたしにとってはたまらなく魅力的である。その貴子を使わない手はない。題して「タカチャンの青春」というコミック劇。

そして、「林間学校」では、例のキャンプファイア事件を中心に、西村学を主人公にして演じる。「米づくり」はいろんなエピソードを、米づくりのボランティア「コメッコクラブとモチ米クラブ共同体」が中心にやる。

こうした取り組みをしている真っ最中に、一つ隣の西尾市で、大河内清輝君（中二）事件が起きた。一一月二七日のことである。いじめが原因で、自宅の柿の木にロープをかけ、首吊り自殺をするという痛ましい事件である。部屋にはかなり長文の遺書が残されていた。このことはわたしも衝撃であったが、生徒たちも同学年だけに、かなりのショックを受けたようである。

これはただのショックで終わらせるものではない。早速、二七日の「タカチャンの青春」の稽古の日に、出演者たちと話し合った。そのメンバーの中にチョイ役で出演している生徒会長の西村がいる。

角岡「どうだろう、この『タカチャンの青春』を変えて、いじめの問題も入れるようにしたら？」

貴子「でも、せっかくセリフを覚えたんだし、全部変えるなんて…」

角岡「うん、だから最後の部分を付け加えるようにしてさ」

貴子「そんならいいけどさ。わたし、頭悪いもんで、セリフ簡単に覚えれんからさあ」

全員「わかっとる、わかっとる」

貴子「みんなで言わんでもいいじゃん」（笑）

西村「最後のまとめの部分でいじめについて訴えればいい」
角岡「うん、それはそいでいいんだけど。もっとなんていうかなあ、いじめはいけないと訴えるんだけど、この刈南中、特に二年生はいじめは絶対にしないとか、勉強のこととか、働くことかの憲法のようなものができないかなと思うんだ」
西村「それいい。僕、生徒会長としてもそうした憲法ができると、すごくやりやすいっていうか、何かあればその憲法を基準にして考えることができるし」
角岡「これはここだけでは決められないから学級代表会で原案をつくり、憲法なんだから、それこそ時間をたっぷりかけて考えよう」
ということで、次の日は、学級代表会にプラス劇の代表として「タカチャン」「林間学校」の二つに出ている西村、「米づくり」の阿部（生徒会書記）も加えて、「刈南中二年生憲法づくり」の素案づくりに入った。

❖「刈南中二年生憲法」の構想

ここではじめてわたしは、本当の意味のセレモニーが見えはじめた。頭の中では家本芳郎氏の実践「池中憲章」（『行事の創造 ――入学式から卒業式まで』家本芳郎著／民衆社）をイメージしていた。

》池中憲章《

わたしたちは、ひとりひとりが十分に力を発揮し、希望をもって生きていける民主主義社会を、みんなで力を合わせて築き上げるため、この憲章を定め行動します。

一、真実を求め、学びます
一、強いからだをつくります
一、暴力・差別をなくし、にくみます
一、あらゆる差別をにくみます
一、みんなで決めてまもります
一、高い文化をめざします
一、働くことを大切にします
一、自然・公共物を大切にします
一、すじみちをたてて考え、知恵と力をひとつにします

昭和五一年六月

横須賀市立池上中学校生徒会

この家本氏の実践を参考にして、刈南中二年生憲法作成を急いだ。立志式まであと二〇日くらいしかないからである。セレモニーの中で、パネルディスカッションとスライドは若い教師に任せ、モチつきは副主任が中心にやるというように教師側も仕事の分担をし、毎日のように取り組みの進み具合を報告しあった。したがってわたしとしては、劇の指導と憲法作成のことだけに集中できた。

「タカチャン」出演者と話し合ったすぐあと、緊急に学年会を開いたことは言うまでもない。三本の劇のあとに憲法の原案を発表する。

「タカチャンの青春」では人権に関した憲法。

「林間学校」では学びに関した憲法。

「米づくり」では労働に関した憲法。

この原案を三学期の道徳、学活等を使って、それぞれの学級で討議を重ねる。こうしてみんなが納得するような憲法にしていこうと確認しあった。

さらに、父母の学年委員会を二学期の反省会を兼ねて飲みながらやった。特に「儲けた三〇万円を何に使うか」のパネルディスカッションに父母の代表も一人参加してもらい、だれが、何を言うかも話し合った。日が近づくにしたがって、「立志式」の骨格もできあがり、セレモニーの厳粛な面もだんだんと見えてきた。

❖いじめテーマに劇「タカチャンの青春」

劇「タカチャンの青春」(シナリオ)

——第一場

解説（明るいロック調のＢＧＭ）——今から演じる物語は日本の多くの中学校にある悲しい物語である。主人公タカチャンは明るいひょうきんな女の子でした。しいていえば、普通の女の子よりも少し背が高いということだけでした。このごろの中学生は普通の子とちょっと違うだけで、「いじめ」の対象になったりします。（ＢＧＭ、落とす）

タカチャン「伊野君、カッコいいね、わたしとおつきあいしなあい?」

伊野「ぼ、僕、けっこうです」

タカチャン「どうして?」

伊野「ぼ、僕にも、選ぶ権利があります」

タカチャン「選ぶ権利があるって…わたしのように可愛くって、スタイルもよくって、そして勉強もまあまあだし、どこがいかんの?」

伊野「そんなこと言ったって、僕よりもぐ～んと大きいんだもん。デートしていても、いつも飛び上がっとらんといかん」

タカチャン「まあ失礼ね。男の子は伊野君だけじゃないわ!（下手に向かって）マツ君、わたしとつきあわない? トヨ君……」

解説（明るいBGM）――というように、タカチャンは五〇人ほどの男の子にアタックしましたが、ことごとく断られてしまいました。悩んだ末に、タカチャンはバスケット部の仲間たちに相談しました。

タカチャン「ねえ、わたしって、どうして男の子にもてないのかしら?」

琴美・恵美（ハモッテ）「だって、背が高すぎるもん。男の子はどうしてもいやがるよ。わたしたちのように可愛くって、背の高さも普通だから、男の子にもててもててしようがないの」

美佳「だってタカチャン、背が高すぎるもんで。男の子はどうしてもいやがるよ。わたしのように性格よくって、背の高さも普通だから、もててもててしようがないの」

タカチャン「ああ、わたしって、どうしてこんなに不幸な星のもとに生まれたんだろう…」

琴美・恵美（ハモリ）「だって背が高すぎるもん」

美佳「そう、高すぎるもん」

タカチャン「こんな中学校生活、わたし、耐えられないわ。お父さま、お母さま、先立つ不幸をお許しください」

美佳「アラー、タカチャン、死んじゃうの？」

琴美・恵美（ハモリ）「手伝ってあげようか。せいの！」

（三人で、タカチャンを舞台からフロアーへ落とす。と同時に、舞台の照明を切る。音響効果ベートーベン作曲、交響曲第五番『運命』の頭の部分）

西村（スポット）「あああ、あああ、タカチャンの自殺を手伝っとる。でも僕、黙っていよっと」

解説――と、まあ、本当に残念なことに日本の多くの中学校の現状がこうなのです。このお話、劇だから笑ってすまされるのです。タカチャンが死ぬほど思いつめているのに、親友が友だちの命の大切さをこれっぽっちも考えていない。また、見ても知らん顔です。ということは、本当の友だちとしての交わりがないのです。このことは近ごろの新聞を見ればよくわかります。同じ愛知県で、西尾にありました。いじめっこに『金をよこせ』と、追いつめられても、だれ一人として相談する友だちがいなかった清輝君。どんなにか苦しかったことでしょう。

さあ、刈南中二年生のわたしたちはどうでしょう。「刈南中生のわたしたちは全く違います」と言い切れるでしょうか。もしそのようなことがあれば、みんなで助けてあげる努力ができるでしょうか。では、第二場、スタート。

——第二場（ＢＧＭ）

タカチャン「伊野君、カッコいいね、わたしとおつきあいしなあい」

伊野「ぼ、僕、けっこうです」

タカチャン「どうして？」

伊野「ぼ、僕にも、選ぶ権利があります」

タカチャン「まあ失礼ねえ、男の子は伊野君だけじゃないわ！　マツ君、…トヨ君…だれもわたしのこと思ってくれない。あああ、わたしってそんなに魅力がないのかしら。こんな学校、つまらないわ。わたし、死ぬ」

琴美・恵美（ハモリ）「タカチャン待って。死んじゃいけない」

タカチャン「だって、わたし、学校生活をする希望も勇気もなくなったんだもの」

美佳「何言ってんのタカチャンは！　バスケットの西三河大会に出てがんばって優勝したじゃないの」

琴美「タカチャンの明るさがバスケを強くしたんじゃないの」

恵美「タカチャンがいるから二年三組がとっても明るいクラスになっているのよ」

美佳「ねえ、タカチャン、わたしたちと一緒にバスケでがんばろう」

琴美・恵美（ハモリ）「タカチャン、みんなと一緒にクラスでがんばって盛り上げよう」
タカチャン「うん。わたし、もう死ぬなんて絶対に考えない。だって、わたしにはいっぱいすばらしい友だちがいるんだもの…」（四人、手を取り合って感激して泣く。と同時に、舞台暗くして、四人にスポットライト。ＢＧＭ『アタックナンバーワン』が静かに流れる）
西村（照明明るく）「すばらしいなあ。こうして友だちを信頼し、友だちを励ます姿は。まさに刈南中生だ！　僕は刈南中の生徒会長であることに誇りをもつ（花束をもち、片ひじついて）。貴子さん、僕はあなたが好きです。これから僕とつきあってください」
タカチャン「アーラ、わたしもね、西村君が好きだったんだ」
琴美・恵美（ハモリ）「よかったね、タカチャン」
美佳「これで丸くおさまったね」
伊野（腰かけをもってきて、それに乗り）「貴子さん、いろいろ考えたんだけど、やっぱり僕とおつきあいしましょう」
タカチャン「アラ、そうお、じゃあ、そういうわけだから、西村君、あしからず。バイバイ」
――暗転（西村、解説にスポット）
西村「どうして僕は女の子にもてないんだろう…」（床を叩いて泣く）
解説――しかし、西村君は刈南中生徒会会長です。みんなに支えられて、やがて雄々しく立ち直り、刈南中のためにみごとな生徒会長に変身しました。（BGM「戦艦ヤマト」。西村、キッとして立ち上がり、堂々と、そして力強く退場）

解説――もう一度、生徒会長の西村君に登場してもらいます。

「西村君、今の劇に出たり、また見たりしてどう思いましたか？」

西村（BGM。力強く荘厳な曲）「僕はこんなにビックリしたことはありません。この劇をつくったのは一一月の初めでした。もちろんあの西尾の事件はありませんでした。そして岡崎の事件も、茨城、埼玉、福岡等々。『いじめ』によって一人の尊い命を奪う。これは許されないことです。注 そこで僕は提案したい。『刈南中二年生憲法』をつくって、どうしても守っていきたいことを決めていきましょう。

そのⅠ「人権に関して」

1、いじめや暴力、差別をにくみます。
2、あらゆる不正をにくみます。

まず、この劇から以上二つを提案します」

❖全文七条から成る「刈南中二年生憲法」

二年生の最大の行事の一つ「林間学校」を劇化したのはいうまでもない。この林間学校では多くの成功した部分と、幾つかのトラブルにまきこまれた場面があった。その一つとして、前述したように、実施二週間前に大洪水にみまわれ、キャンプファイア予定地の川原の中央に川ができてしまい、広場がなくなったことから、ファイア場さがしからはじめたこと。二つ目は、わたしたちがいる間は他の団体、個人を入れないという契約であったが、そのキャンプ場所有者は約束に違反して、二つの家族を入れてしまった。そのことから生じたトラブル。

その中の一つの家族の主人は、「服装が自由なのがいかん」とか、「うるさい」とか、また絶対にそんなことはないのに「川にゴミを捨てとる」とか、いっぱいの難くせを生徒とか、若い教師につけてきた。こうしたトラブルは林間学校を劇化をするにあたって格好の素材であった。その最後の部分——。

深谷「僕たちは多くの収穫を得て林間学校から帰ってきました。僕たちの誇れることはけが人は数人程度、病人はゼロだったことです。これは単に偶然ではないような気がします」

西村「それは、『自分で考え、自分で判断し行動』できたからなんです。僕たちはもう大人の仲間入りができたと考えていいと思います。そしてここで再び僕は提案したい」

その２「学習に関して」

３、真実を求め、誠実を胸に刻むよう学びます。
４、すじみちを立てて考え、知恵とちからを自分のものにします。

さらに米づくりでは泥とたわむれ、毎日の天気を気にした半年間であった。若い担任、加藤先生を田植の時、血祭りならぬ泥祭りにしたり、カエルやイナゴとたわむれたり、ほのぼのとした劇になった。その最後の部分——。

宮川「僕たちはすごいことをやったのです」

智沙「自立するということは、こころもからだも大人になるということなんです。そして、自分でお金を稼ぐということも自立の一つです。お父さん、お母さん、わたしたち刈南中二年生二一四名は今日、ここで『立志式』を迎え、名実ともに自立したことを宣言します」

裕美子「しかし、自立といってもまだまだです。大人への道の第一歩をふみはじめたばかりです」

武山「いたらない点はいっぱいあると思います」

服部「これからいろいろと指導してください。一人の人間として、大人として指導してください」

阿部「僕たちは大人のこころで受け止めていきます」

千恵子「そうです。わたしたちはその指導をからだいっぱいに受け止めましょう」

西村「僕たちは『米づくり』を通して多くのことを学びました。この学んだことをもとにして三たび提案したい」

その Ⅲ「働くことに関して」

5、働くことを大切にします。
6、強いからだをつくります。
7、みんなで決めて守ります。

このように、「人権に関して」「学びに関して」「働くことに関して」、そして全体に関わって「みんなで決めて守る」という七条の憲法を提案した。これは三学期になってから、じっくりと学級で討議を重ねていくことにした。

❖米づくりの儲けは30万円！

モチ米は、精米で一七俵強の収穫であった。その中から二俵は〝年貢〟として出す。さらに収穫前からの約束で、刈谷市内の障害児学級の子どもたちのモチつき大会のために一俵を寄付した。

残りのモチ米は自分たちの「モチつき大会」用。職場体験学習(自分の希望する市内の職場で一日働かせてもらう)で、お世話になったそれぞれの職場へお礼として「鏡もち」を贈る。さらに、市内の各施設(老人ホーム、養護学校等)への贈り物として板モチを贈る。それらを除いた精米を文化祭で二年生の父母たちに販売してもらったら、午前中に完売した。その総売り上げ金は、四二七、三〇〇円となった。

その売り上げ金からトラクター代、肥料代、モミ種代、除草剤代、精米費等々、一二四、五二九円を引いて、三〇二、七七一円の収入になった。〝年貢〟も何も支払わなければ、五四四、〇〇〇円の収入であった。寄付や自分たちのモチ代を引いても二〇万円弱の金が諸経費として引かれてしまうのである。このことを「学年通信」で正確な数字を出して発表した。

はじめ生徒たちは大金持ちになったような心境であった。年貢代として二俵取られることでも、「そんなに取るの?」という感覚であった。江戸時代は半分は〝年貢〟として取られ、敗戦後の農地解放の頃までもそのくらい取られていたことを話すと、「昔の百姓は大変だったんだ」ということが実感として分かってくる。

「なに、一〇万も取って、農協はすごくボルなあ」と言っていたが、トラクター、コンバインの値段はいくらするのだろうか。数百万円はするだろう。すると、一軒でどれだけの田んぼが必要なのか。さらに、機械は数年で変えていかないといけない。でないと、修理費の方が高くついてしまう。あまり古いと、日本ではその部品を作らなくなってしまう。

このように考えてみると、三〇万稼いだといって単純には喜べない。お金を稼ぐということは、なみ大抵なことでないということを生徒たちに理解させたい。今の生徒は自分の親が必死になって稼いでいるのに、その金は降って湧いたような気になっている。また親も、子どもに我が家の家計というものを知らせないし、ましてや相談などしない。したがって子どもはモノに対する感覚、モノを買う金銭感覚はほとんど欠落しているといってよい。そういう意味で、「米づくり」の実践は重要な意味をもってくる。

そうはいっても、大豊作にはちがいない。そこで、稼いだ三〇万円をどのように使うかを各学級で話し合わせた。その中で、特に面白そうな生徒の意見を学級の代表とするようにした。

実を言うと、パネルディスカッションを企画した時は不安があった。今まで学年全体で話し合うことがほとんどなかった。そのために、パネラー間のからみができるか、フロアーからの発言があるかどうかということである。そのために担当教師から面白い内容と、父母と教師の参加の要求が出てきた。そして前日、各パネラーはどのようなことを発表するかのリハーサルをして当日を迎えた。

❖使い道をめぐるパネルディスカッション

村瀬司「刈谷市の中学校はストーブがないから寒くって勉強に集中できない。だから、そのお金でストーブを買おう」
杉田幹浩「みんなで稼いだお金だから修学旅行で使って、みんなで楽しめることに使おう」
尾嶋有香里「みんなで苦労して稼いだお金だから収穫パーティー等を開いて、映画会をする」
亀谷友嘉里「パーティーとか遊び等をして、自分たちで楽しみながらパーッと使う」
鈴木真「人助けのために全額寄付をする」
榊原千眞「みんな掃除はしたくないから安い給料で掃除おばさんを雇い、僕たちは掃除をしなくてもいいようにする」
父母代表「お金の尊さを知ってもらいたい。そのために、a、学年のお別れに一〇万円。b、なにに使われるかはっきりわかるところへ寄付に一〇万円。c、三年生の終わりに卒業記念品として学校へ一〇万円寄付」
教師代表「三〇万円稼いだのだけど、元手になる資本金ゼロからはじめた。そのために実際は四二七、〇〇〇円稼いだんだけど、三〇万円になってしまった。だからその三〇万円を来年の元手にして、自然からの恵みある実りをもっと豊かにする」

こうした、パネラーの発言が終わり、いよいよ討論に入った。はじめのうちはなんとなくギコちなかったが、やがて白熱した討論と笑いが入り、前日までの心配は吹っ飛んでしまった。その中で、全額寄付に関わっての討論をここにあげる。

❖全額寄付はしたくない!

村瀬「真君は全額寄付と言っていますが、みんなで稼いだお金だから、みんなは自分で使いたがっていると思います」

真「みんなで稼いだお金だけど、今、アフリカの難民のことを考えてください。テレビに出てくる彼らのことを思うと、自分たちだけ楽しんではいかんと思います」

友嘉里「そういった寄付は生徒会とか、他でもやっているから、やる必要はないんじゃないですか」

真「他でもやっている、そのうえにさらに上乗せするから意味があるんですよ」

友嘉里「上乗せするって言うけど、わたしは真君のようにはとても考えられません」

杉田「寄付するということには反対ではないけど、全額を寄付する必要はない。二年生みんなで稼いだんだから、少しは自分たちで使うべきだと思います」

有香里「わたしたちが働いてお金になったのです。だからそのお金の価値を確かめるためにも、自分たちで使うべきです」

阿部（フロアーより）「真君の意見に反対！　暑い日に草を刈ったりして、僕たちはどんだけ苦労したか、真君はわかっていない（笑）。こんなに一生懸命に稼いだ三〇万は、自分たちで使うべきだと思います」

真「そんなこと言って、阿部君は視野が狭いですよ（笑）。考える程度が低いですよ（笑）。僕だって、汗を流しました」

阿部「サッカー部は、ものすごい暑い日に、みんなが知らん時に、草を刈ったんだ！」

真「だからなんなんです」（爆笑）

阿部（激怒して）「君はあの暑さがわかるのか！　本当に倒れそうになるまで草刈りをしたんだ。真君は、暑い時に草刈りをしましたか！」

真「しません」

阿部「しないからそういうことを言うんだ。あの暑さを経験したら、簡単に全額寄付なんて言えん」（拍手）

真「阿部君たちのカゲの努力は認めます。そのように努力したんだから、如何にいいお金の使い方をするかで価値が出るんですよ。今、アフリカの難民の苦しさを見てください。今が大切なんです。遊びに使いたいんならまた稼げばいい。くどいようですが、今、寄付して、また遊びのために稼げばいい。大事なのは今です」

この一言のために、阿部は何も言えなくなってしまった。寄付することに全額は反対だけれど、ある程度はという気持ちに傾いたのではないだろうか。多くの生徒たちもそう思ったにちがいない。この寄付問題についてもっと深めたかったけど、予定時間オーバーと、掃除のおばさんを雇うかどうかに話題が変わり、これも笑いと拍手で話が進み、心配したパネルディスカッションの時間は、アッという間に過ぎてしまった。

❖阪神・淡路大震災への義援金

立志式も終わり、年が明けてすぐ一月一七日、阪神・淡路大地震が起きた。わたしはその日、たまたま授業がなかったので、職員室でテレビを見ながら仕事をしていた。刻々とその惨状が伝えられてくる。昼の放課、阿部を呼んで、阪神・淡路大震災のことを話してやった。阿部は米づくりの実行委員長であり、つい先日、真と寄付について討論をしあったばかりである。

その阿部はすぐに行動を起こした。授業後、米づくり実行委員会を開催し、「五万円を被災地に寄付する」という原案をつくり、次の日の朝の会までに学級で討議決定するように要請した。ある学級では、「真君の言うように、全額寄付したらどうか」という修正案も出されたようであるが、一人一〇〇〇円分は残して自分たちで何かに使おうという案が圧倒的に多く、五万円寄付に決定した。

早速五万円を銀行からおろして、米づくり実行委員会代表四人と担当教師とで市役所に向かった。刈谷市では五番目の早さであったという。どこからその情報を得たのか、地方のケーブルテレビがその様子を写し、その日の夜のニュースで放映していた。

この寄付のことであるが、ほとんどの生徒たちはそれまで、自分たちの楽しみのために使うという考えであったが、パネルディスカッションで鈴木真が「全額寄付」という案をもって一人で孤軍奮闘したために、「困っている人のために寄付をする」ということも考えないといけないのではないのかと、しだいに胸に落ちたのであろう。最も反対していた阿部も、わたしの震災の話を聞いて、それこそ、ツーと言えばカーという感じで「義援金」を送ろうと、話をまとめていったのである。

❖少数意見を大事にする意味

これまでの取り組みの中でも少数意見、少数派を大切にするということで、彼らの意見をしっかりと聞き、そのすぐれた意見を取り入れていくという発想で実践してきた。特に林間学校で一人ひとりの要求を取り上げて話し合いながら、みんなの要求にしていったことは前述した通りである。このことはこうした緊急の事件にもすぐに対応できる生徒を育てたんだと再確認をした。

もし何も取り組まずに、鈴木真の意見が面白いというだけでパネラーにして、自由に意見を言わせたらどうなるだろうか。一人だけみんなと違う意見を言ったということでこの後、ひょっとして「いじめ」が起きたかも知れない。そう考えてもおかしくない今の子どもたちである。

一人ひとりの要求を大切にする。たとえ少数派意見でもよく話し合って合意するか、または少数派の方がすぐれた意見だったら、それを取り上げるという実践をいつでもやることが大切である。そうした実践の積み重ねの中で、反対意見を言っても当たり前のことなんだということが、生徒たちの中に定着していく。このことは、一人ひとりはみんな違うんだ、違っているからこそ一人ひとりの居場所があり、出番があるんだということにつながっていく。

❖父母も参加のモチつき大会

モチつき大会スローガン――「八十八日かけた米、苦労の味を楽しもう」

モチつき大会の実行委員会は、次のように仕事の分担をしていった。

▼モチつき会場設営委員（各学級男子二名）

石うす、きね、かまどのセット、せいろ等を調達してくる。終わったら返しに行く。重労働であるから屈強な男子がする。

▼調理委員（各学級女子二名）

つきたてのあんころもち。作るのは楽しいし、それを食べるのは最高！

学級で要求されたモチの種類の材料を用意する。あんころモチ、きなこモチ、もぐさ（ヨモギ）モチ、大根をおろして醤油につけるモチ。

▼モチの寄付委員（実行委員を募る）

当時、刈谷市内の身体障害者の施設と老人施設がちょうど六施設あったので、各学級一うす分の板モチをついて、全部の行事が終了したら各施設に贈呈する。さらに、職場体験学習でお世話になった各職場に一対ずつの鏡モチを作り、グループごとに持っていく。いずれも非常に喜ばれた。そのことが新聞にのったほどである。

この「モチつき大会」へ父母に参加してくれるよう要請して本当によかった。この学年は子どもたちと父母が一緒になってよく働く学年である。一年生の時は「植樹祭」でシラカシの木を一人一本ずつ一緒に植え、二年生になって「米づくり」で田植、稲刈り、稲こきの作業に参加してもらったりした。生徒たちは仕事の段取り、やり方等を親から学んだことがたくさんあったと思う。一方、親も、自分の子どもの成長に目をみはるものを発見し喜んでいた。

また逆に、モチをたらふく食い過ぎて、多目的ホールでひっくり返っている息子を発見した母親が、「康成！ 起きなさい。みっともない！」と、叱ると、「うーん、苦しくて動けん」と言う。母親は、「そんなに苦しいなら、どうしていっぱい食べるの」と追及する。「ほんなこと言ったって、これが楽しみで働いてきたんだ。ああ苦しい。でも、もう一個食うか」と、またモチに手を出す。「康成！」。康成は逃げながら、また食べている。

授業の終わった例の三年ツッパリアンチャン共が、「オヤジ、モチ、食わせろ」といばってやってくる。「おお、そのへんにあったら、おこぼれを頂戴してこい」と言うと、「おこぼれだって」と、いろんな種類のモチを満足そうに食べている。

こうして「米づくり」の行事は全て終了した。立志式セレモニーのあいさつで学年委員長（和田巧の親）が「わたしは巧の二人の兄の時も委員をしましたが、こんなに親をこき使った学年はなかった。これは角岡先生が仕掛人です。でもおかげさまで子どもがよく見えて、とてもよかったです」と言われた。和田さんは三年生になって再び学年委員長に立候補してきた。父母集団と教師集団の連携がますます密になり、いろんな面の指導がやりやすくなっていった。

〔注〕一九九四年一一月から一九九五年五月までたて続けに起きた小・中・高校生の自殺事件

（『子どもの生きるよろこびと自立を』折出健二個人冊子より）

一九九四年一一月　愛知県西尾市　中学二年男　自宅首つり。遺書
一二月　栃木県芳賀町　小学五年男　首つり
一二月　愛知県岡崎市　中学一年男　工場で首つり
一二月　福島県石川町　中学三年男　林で首つり。遺書
一二月　埼玉県寄居町　中学二年男　首つり。「実験」とのメモ
一二月　埼玉県富士見市　中学一年男　鉄道自殺
一九九五年一月　愛知県稲沢市　中学一年男　自宅首つり。遺書なし
一月　愛知県阿久比町　小学六年女　自宅首つり。遺書
一月　群馬県　高校一年女　ホームルーム中に、飛び降り
一月　愛知県犬山市　中学三年男　自宅首つり。遺書
二月　静岡県浜松市　中学二年男　マンション、飛び降り
二月　茨城県美野里町　中学二年男　自宅首つり。遺書
二月　栃木県上河内町　中学三年男　首つり
四月　福岡県豊前市　中学二年男　自宅首つり。遺書
四月　奈良県橿原市　中学二年男　自宅首つり
四月　長崎県長崎市　中学二年女　学校、飛び降り。遺書
五月　鹿児島県鹿児島市　中学三年男　自宅首つり
五月　大阪府枚方市　高等専修学校　自宅首つり

※一九九五年一月の四件は、いじめが原因かどうかは不明のまま。

V　みんなでつくった「刈南中二年生憲法」

みんなで決めて守ります
あらゆる不正をにくみます
刈南中憲法
いじめや暴力、差別をなくします

2年／山口　安奈

❖教師のための「子どもの権利条約」講座

立志式も終わり、年が明けて、学期はじめでモタモタしている一月一七日に、阪神・淡路大震災が起きた。その義援金のことは生徒たちの迅速な取り組みですぐに解決した。

しかし、わたしの頭の中は「刈南中二年生憲法」の話し合いをどうさせるかでいっぱいであった。ある朝のこと、登校中のラジオニュースで、教師の中で「子どもの権利条約」を知らない人が七人中一人いるということを聞いた。まさかと思って新採の女性教師に聞いたら、「そんなのあるんですか?」と言う。これは大変だ。二年生がこれから「刈南中二年生憲法」について話し合って、制定しようとしているのに、教師の問題意識がこのありさまでは、この憲法をただ形式的に決定するだけで終わってしまいかねない。

そこで早速、二年生教師集団向けに毎朝出している通信『南風2』(注・酔っぱらって林間学校の素案を作ったのもこれである)に、できるだけわかりやすく、そして少しずつ出していくことにした。これは結果的に一カ月で一五回出した。そして問題にしたいところは話し合いをもった。

> 『南風2』No.141
>
> 第三条「子どもの最善の利益」について

ここで言っている「最善の利益」というのはなんなのかということです。それを考える基本的なこととして、子どもの目線でとらえた「最善の利益」でないといけないということがあります。

例えば生徒が喫煙をしていたことがばれたら、すぐに止めさせるように取り組むことは大切です。その時、その生徒を叱る、そして、親を呼んで注意をするだけということでは、子どもの「最善の利益」とは言えないのではないかということです。

また、叱るのをやめて、その生徒にたばこの害を話して説得するとします。その時、教師の立場から「正しいことを教え諭す」という気持ちで話すと、生徒たちの多くは納得しないと思います。なぜなら悪いことをやっているということを知って、タバコを吸っているんだから。

となると、どうしたらいいんでしょう。「生徒が悪いことをした」「こうした違反行為は許されない」「だから叱る」「罰を与える」という概念からはなれないといけません。それが生徒の目線でモノが見えるということです。

自分自身の子ども時代はどうだったかを考えてみることです。子どもというのは決められた枠からちょっとはずれたことをやってみたいと思うのが当たり前です。そういう好奇心、冒険心があるから、子どもらしいエネルギーがわき、そこから自分という個性が生まれてくるのです。「だから、君の気持ちはわかるよ。だけどね…」と、自分がタバコの誘惑をどのように克服していったか、またタバコでなくてもいい、やってはいけないことをどう克服していったかを、自分がたどってきたことを、子どもの目線で語っていくということが大切です。

このことは教師の資質にもつながっています。子ども時代をまじめまじめで通過する。このことがはたしてよかったのかどうかです。あまりまじめすぎると、生徒の問題行動が許せなくなる。この完璧主義がはたして生徒の目線になりうるかです。くわしくはまた話し合いましょう。

❖ピアスをめぐる雄二先生の説得

角岡　「雄二君（副主任）が長坂邦雄のピアスをやめるよう説得したことを報告してもらいます」

雄二　「午前中の放課と、僕の空き時間を使って説得しました。空き時間に長坂に授業を受けさせなかったという問題がありますが、それはね、ちょっとこっちにおいといてもらって、長坂ははじめ、絶対にピアスをやると言っていました。『どうしてピアスなんかやるんだ？』と聞くと、『かっこいいから』『三年生がやってるから』と言って、どうしてもやめるとは言わなかった。放課一〇分で説得してすぐ授業、次の放課にはまたもとに戻っとる。で、三時間目の放課から四時間目にかけてじっくりと時間をかけて説得しました。その時、主任が『南風2』に書いていた、『生徒の目線』ということを、いつも意識してたんだ」

角岡「それは、ごくろうさん」

雄二「僕は、今までどっちかというと、ガガガッとおどしてこっちのペースに持っていく指導法だった。それを長坂の言い分を聞きながらじっくりと指導する。これは大変だった。一〇分の放課にやって、こっちに傾きはじめたなと思ったら授業が始まる。そして授業が終わると、またもとに戻り、はじめからやり直し。で、今度は四時間目、僕の授業がないからじっくりとやったんだ」

角岡「どのように?」

雄二「はじめからピアスの話題に持っていかずに、クラスの女の子の話をしたり、長坂の好みの子はだれだと聞くと、ニヤニヤして答えんかった」

以下、雄二先生と長坂との話し合い。

雄二「兄さん(当時三年生、長坂とは年子)は進路どうするだあ?」

長坂「進学したいようなこと言っとった」

雄二「勉強してるの?」

長坂「しとらんじゃないかなあ、夜も自転車でどっかへ行って、夜中にならんと帰って来んもん」

雄二「長坂もお兄チャンみたいになるのか」

長坂「僕はあんなふうにはならんて」

雄二「どうして？　ピアスなんかやっとれば、だれだって長坂と兄チャンは同じだと思うよ」

長坂「そうかなあ」

雄二「そうだよ。三年生では、長坂の兄チャンを入れて二、三人だら。二年生はだれかやっとるかなあ？」

長坂「やってない」

雄二「もう一度聞くけど、どうしてピアスなんかするの？」

長坂「カッコイイから」

雄二「カッコイイって、そんなんやらんでも長坂はけっこうカッコイイじゃん。背も高いし、目も雄二先生のようにパッチリしとるし…。そうか、長坂の好きな女の子が、『長坂君、ピアスやって』と言ったのか」

長坂「そんなこと、言やひんわ」

雄二「ピアスのことで先生の思っとること言うから、まじめに聞いてな。このごろ、若い人たちでピアスがすごくはやっとる。先生の子どもはまだ小学生だからピアスしたいなんて言わないけど、中高生になってピアスをやりたいって言ったら、先生、きっと猛反対すると思うよ。なぜって、自分の子どもがケガとか、病気でもないのにカッコイイというだけでからだを傷つけさせたくないもん。いっくら針くらいの小さな穴でも。このことはきっと、長坂のお母さんでも同じだと思うよ。

ピアスは、アフリカとか東南アジアの国々では風習で、何百年も前からやっている。でも、日本にはそういった風習とか文化はない。ただの流行でやってるんだったら、自分できちっと責任がとれる大人になってからでも遅くはないと思うよ。どう?」

長坂「うん、でも、今やりたい」

雄二「ううん、困ったな…。先生の言いたいこと、少しはわかってくれたかなあ」

長坂「うん。じゃあね、学校にいる間は止めるわ。春休みになったらやるかもしれんよ。それでいい」

雄二「ああ、いいよ。そういう約束にしよう」

❖子どもの人権を大切にするとは?

雄二「ということで手を打ったんだけど、完全に納得したわけではないからなあ」

角岡「いいじゃない、完璧でなくても。その時がくればまた考えよう」
由貴子「でもねえ、あの子、小学校時代、和田たちにいじめられて登校拒否になっていたんだよ。それが近ごろ、体がめきめき大きくなってきたもんで、力が強そうって感じじゃない」
加藤「それでかあ、長坂のことを生徒たちに聞くと、二年生のはじめは一〇番くらいだったけど、二学期は七番くらいになって、今は五番くらいになった。そんなことばっかり言っとるんだって」
雄二「ちょっと問題だなあ。力のランクを序列化して、自分はどこに位置するかをいつも考えとるなんて。ランクをあげるためにピアスを選んだのかな」
角岡「それはありうるな。ま、いずれにしても雄二君の取り組みは学ぶことがいっぱいある。実は、ある学校でこういうことがあったんだ。雄二君の実践と対比して聞いてほしいんだけど…。

入学式がすんで数日たった日のことだ。その学校の二年生のある生徒が二階の窓からふと下を見た。すると、たまたま窓から首を出して上を見ていた一階の一年生と目があった。『なまいきだ』と言って、二年生が一年生めがけて唾を吐いた。それを見た教師は二年生生徒を叱る。そのことはいいんだけど、教師はそれからその生徒の首根っこをつかみ、唾の落ちている犬走りの所まで連れていき、『いま吐いた唾をなめろ！』と、無理矢理なめさせた。しかも、そこの校長は、そのことについて、『すばらしい！』と激賞、その教師は、『僕は、信念をもって指導にあたっています』と、胸をはって言ったという。

問題はここだ。その教師は『信念』とあっさり言っているけど、ヒットラーは「信念」と言って、ユダヤの人々を六〇〇万人虐殺した。一口に『信念』と言ってもいろいろあるということだ。

やがて、その学年は荒れに荒れたという。

黒田「ひどいね、確かに二年生の子は悪いことをしたよ。だけどいくらなんでも…、その子の人権はどうなるのかなあ」

角岡「そこなんだよ。雄二君は、長坂という子を一人の人間として、彼の人権を認めて指導をしている。しかし、その教師は子どもの人権なんかどうでもいいと認めない。教師は〝指導〟という名のもとに何をやってもいいという発想なんだ」

由貴子「主任の言う『子どもの最善の利益』ということは、子どもの目線でとらえる。つまり、生徒の人権を大切にしてあげるってことにつながるわけなのね」

角岡「そうなんだ。で、これから『刈南中二年生憲法』を制定していくための話し合いがつづくんだけど、教師側も『子どもの権利条約』から、子どもの権利って何なのかを学んでいこうと思って、『南風2』に連載していきたい。そして、今日のように意見交換をしていくと、もっと深まるんじゃないかな」

❖みんなの「憲法」にするために

》「刈南中二年生憲法」《
原案

1、いじめや暴力、差別をにくみます。
2、あらゆる不正をにくみます。
3、真実を求め、誠実を胸に刻むよう学びます。
4、すじみちを立てて考え、知恵とちからを自分のものにします。
5、働くことを大切にします。
6、強いからだをつくります。
7、みんなで決めて守ります。

この原案に対して、各学級で話し合わせた。

一番最初に話し合いをした由貴子先生の学級では、「誠実ってどういうこと?」とだれかが聞くと、「まじめかなあ」「辞書引くと、『まごころがあるようす』と、書いてあるぞ」「まごころは『相手を思う、いつわりのないほんとうの気持ち』だって」「良心かなあ」「りょうしんって、お父さんお母さんのこと」「バカ、その両親じゃなくて、良い心と書く良心だわ」と、わけのわからんような話し合いがつづく。

由貴子先生「あああ、わたし、国語の教師やるの、いやになった」と、嘆くことしきり。「いいじゃない、はじめはこうしてモタモタやっていくうちにいいものが出てくるよ」

わたしは慰め役。どの学級も似たり寄ったりの話し合いをしているようだ。

このようなとりとめもない話し合いが二週間、三週間とつづいているうちに、なんとかカッコのついたものにまとまってきた。そこで、一番ヒマなわたしが各学級の意見をまとめてワープロに打ち、それをもとに学級代表会を開き、修正案をつくっていった。

角岡「各クラスから出てきたものをまとめてみたんだけど、どう？　まず、『いじめ暴力、差別』の問題から見ると？」

太田浩徳「僕ねえ、原案のように『にくみます』だと、どうも弱いと思うんだ。『～しません』とか、にくんどるだけじゃなく、行動しないといかんと思う」

林加緒里「わたしもそう思う。にくんでいるだけでは何にもならんじゃないかと思う」

矢田ゆう子「わたしも太田君に賛成。もうこれ以上、西尾の事件があってはいけないという積極性がないとね」

森田元章「賛成意見の中にあるように、刈南中が愛知県のリード校になるためにも、もっと積極的に『しません』とか、『なくします』と言った方がいいと思う」

太田「それいい。『なくします』にした方が」

全員「賛成！」

角岡「反対意見のところで苦にならない？」

尾嶋有香里「破ったヤツは罰を与えるということ？」

粂かおり「罰を与えると、みんな憲法の存在をうっとうしく思わないかなあ？」

服部泰裕「でもそれくらい強くでないと、みんな守らんのではないかな」

かおり「だって罰を与えるというふうに決めると、自分のやってることとか、言ってることが、全部規則でしばられるよ。服部君だって本当はそういう規則はいやじゃないの？」

服部「そりゃあ、校則みたいにいちいちなんか言われて、守れんかったら叱られたり、罰くらったりするのはいやだけど…。でもなあ、憲法だからなあ」

太田「憲法だから、罰があるから守るんじゃなくて、一人ひとりが本当に憲法を意識しないと成立しないんじゃないのかなあ。だからこそ僕たち学級代表が中心になって、刈南中全体で意識できる方向にもっていかないといかんと思う」

村瀬「服部、今の太田の説明で納得した？」

服部「納得」

村瀬「その他」

石原ゆかり「反対意見の中で、『憲法の中の言葉だけでいじめをくずせるわけない』という意見、わたし、そういう考えは何もやらんであきらめとるのと一緒だと思う」

有香里「そうそう、この子が言ってるようにいじめは完全になくならんかも知れんけど、『だから、憲法を決めてもしょうがない』と言って、なんにもやらんなんておかしい」

ゆう子「さっき、太田君が言っていた学級代表が中心となって憲法を意識するように、いじめをなくすように、みんなでのりこえていくようにすればいいと思う。そうすればみんな自然と意識をもつようになるし、刈南中のほこりと伝統のある憲法になると思う」

村瀬「そうだな、もしいじめはなくならないと言って何もしなかったとすると、いじめを見て見ぬふりをするのと同じになってしまう」

角岡「特に反対意見の批判として、学級代表のみんなはそれぞれのクラスで今、話し合ったことをきちっと言って、クラスの子たちを納得させせんといかんぞ」

❖大きな不正、小さな不正

村瀬「次に、『不正』について話し合います。いじめ等も不正だから、一つにするという意見はどうですか?」

森田「ううん、確かにいじめは不正の中に含まれるけど…。でも、特に『いじめ』問題はこのごろ大きな社会問題になっとるもんで、やっぱり分けて項目を上げた方がいいと思う」

加緒里「そうね、いじめとか暴力、差別と言うと、わたしたち身近にピンとくるから、不正とは分けた方がいい」

服部「あらゆる不正となると、やっぱり範囲が広すぎる」

ゆう子「でもこの賛成意見を見ると、お菓子を食べることとか、アメをなめることは不正などと、細かい意見が多いよ」

太田「うん。範囲の大きいのと小さいのとがあるね」

角岡「小さいのはみんなわかっているけど、服部が言ったように範囲が広すぎるのはわかりにくい。でも先生としては『不正』というのを入れてほしいんだな。そこで、範囲の広すぎる『不正』って、どういうのがあると思う?」

ゆかり「戦争みたいなもの?」

角岡「そうだな、ゆかり、冴えとるじゃん。戦争とか紛争、数年前の『湾岸戦争』なんかも不正だよ。どこかの大統領が『あれは正義の戦いだった』と言っているけど、それは間違いだ。戦争というのは大量の殺人と、大量の破壊のしあいなんだ。また三年生になったら戦争のテーマで絵[注]を描くから、その時にくわしく調べてみよう。ではそのほかには?」

服部「地球環境破壊」

角岡「服部も冴えとる。そうなんだ、このままの状態で地球が破壊されていくと、二〇三〇年には人間は死滅すると言われていることを二学期の一〇月ごろ、『自画像』を描く時に言ったと思う。大きくはこの二つかな。まだまだあると思うけど」

森田「そしたら、『不正』のところは小さいことも含むけど、だいたい大きい不正というか、範囲の広い不正と言うようにしよう。大きい不正となると、僕たちでは解決できないから、『〜をにくみます』でいいんじゃないかなあ」

服部「うん、そんなら納得できる」

角岡「先生を批判したもので、『先生たちは子ども時代、不正をしていないのか』というのがあるけど、どう思う?」

加緒里「どう思うって言われても困るけど。角岡先生は子どもの時、不正をしたの?」

角岡「どっちだと思う?」

加緒里「角岡先生ならしたな」(笑)

角岡「オレ、そんなに悪い子に見える?」

全員「見えるー」(笑)

角岡「バカヤロウ! 三学期の美術、みんな1にしてやろうか」

全員「イカーン!」(大笑)

角岡「みんなも見抜いた通り、オレ、小さいころ悪いことばっかしとった。五〇年も前のことだから、今と価値観が違う。その当時、戦争をしていたんだから、『戦争は不正』と言った人は刑務所に入れられるか、ひどいのは殺された人もいた。それどころか、子どもも学校の先生も『鬼畜米英!』と叫んで竹槍持って、一万メートル上空のB29爆撃機を本気で突き落とそうとしていた。だから当時の敵とはアメリカ、イギリス軍だった。

そのころの子どもは小さい不正はいっぱいやった。食べ物が少なかったもんで、友だちとよくスイカやウリなんかを盗みに行った。見つかって、お百姓さんに追われて捕まってお説教された。それですんだ。今はスーパーで万引きして捕まると、学校には確実に連絡があるし、ひょっとすると警察行きだな。

それから、学校でアメをなめてはいけない、それは不正だというけど、大学生はアメをなめてるし、ジュースも飲んどる。他の国では小学校でもそうかも知れない。そんなふうに、不正といわれるのは国によっても違うし、学校の方針によっても違う。だから『不正』ということを、何が正しいのか一度は考えてみないといけない。

林間学校だってそうだろう。普通はジャージが当たり前。そういう学校で『私服』を着て行けば不正行為として注意される。しかしこういう細かい『不正』はみんなの意思で変えることができる。ただし、さっきみんなも言っとったように、戦争で人を殺すといったような人権に関わることの不正は変わらない。かつての戦争で日本の軍隊のやったこと、ヒットラーがやったことは永遠に不正だ。

そこで、先生もやったんだから、そんなこと決めんでもいい、という意見に対してどう思う？」

有香里「ずっと前、先生が言ってたけど、子どもって大人の目を盗んで悪いことをしたりして、それを見つかって注意されて育つ。その悪いことというのが『不正』であり、社会的な常識になると思う。それがこの憲法なんだから、先生が子ども時代にやったんだからどうでもいいというのはちょっと問題がずれとると思う」

森田「そうだよ。だれだって子どもの時は何か悪いことをやるよ。僕だって小さいころ悪いことやって、よく父さんや母さんに叱られたもん」

服部「オレさあ、小学校時代、すっごい完璧主義の先生に受け持たれて、ちょっとしたことでいつも叱られとったじゃん」

加緒里「そうそう、知っとるよ。五、六年生の時ね」

服部「うん。ここにあるいろんな意見を見ると、ものすっごく細かいことを不正と言っとるけど、小学校のころを思い出すと、かえって『いちいちうるさい』って逆効果になってしまうじゃん。オレ、さっき、憲法に違反したら罰を与えた方がいいと言ってしまったけど、なんかオレ、原案つくる側になると、その時の先生と同じになっちゃうんだなあって、今、すごく反省しとる」

太田「そうなんだ。何か決める時、どうしても僕たち、先生の顔色うかがっちゃって、自分たちのことを忘れる」

ゆかり「そうそう、こんなこと言うと、先生、怒らんかしらってね」

太田「うん、だから、自分たちの目で見た憲法にならんくなってしまう。服部が反省したことって、本当は僕たちみんなにも当てはまると思うよ」

角岡「服部は今すごくいいことを言った。これからも何か決める時は自分たちの目で見て、どれがいいのかと決めていくようにすれば、まず間違いないと思うよ。では、憲法の第一条では『〜をにくみます』から、『〜をなくします』の修正案が出たこと。その修正案の考えをしっかりと言わんといかんぞ。そして第二条の『不正』の意味もしっかりと言う」

村瀬「じゃあ、明日の学級会で憲法の討議をしてください。そして、学級の態度を決めてください。明日の授業後に学級代表会を開き、その報告をしてもらいます」

❖ついに私たちの「憲法」完成！

わたしは、学級代表たちが修正案を提出しやすいように、憲法の原案をワープロに打ち、資料をつくった。代表はそれをもとに修正案の説明等をしていった。こうしてできた憲法である。

》刈南中二年生憲法《

1、いじめや暴力、差別をなくします。
2、あらゆる不正をにくみます。
3、真実を求め、誠実を胸に刻むように学びます。
4、すじみちを立てて考え、知恵とちからを築きます。
5、働くことを大切にします。
6、強いからだをつくります。
7、みんなで決めて守ります。

修正されたものとして、
1、いじめや暴力、差別をにくみます。→いじめや暴力、差別をなくします。
4、すじみちをたてて考え、知恵とちからを自分のものにします。→すじみちを立てて考え、知恵とちからを築きます。

この「刈南中二年生憲法」は、二年生修了式の前日に「憲法発布記念、球技大会」を開催、三年生になると同時に、「刈南中三年生憲法」に名称を変える。三年生になって早い時期に、「刈南中生徒会憲法」になるように取り組んでいった。

❖先輩たちはなぜ荒れたか？

荒れに荒れた一学年上の三年生は三月七日に卒業していった。対教師暴力こそなかったが、器物破壊がすさまじかった。特に三年生の教室のある二、三階の男子トイレはさんたんたるものであった。大便、道具入れの敷居はなし。陶器で作ってある小便・大便器・手洗器は全てなし。むなしく穴がぽつんぽつんとあいているだけ。その他、トイレ以外にもたくさんのものが壊されていた。

卒業式のあくる日の午前中の放課、がらんとした三年生の校舎に人影がある。よく見ると、二年生男子の元気のよい子たちが「スゲエー」とニコニコしている。このまま放っておくと、とんでもないことになると思い、職員室に帰ると、他の二年生の教師もそのことに気付いていたらしく、「何とかしなくては」と言っている。そこで、早速第六時限は学年総会を開こうということになった。

総会をする武道場へ入る前に、生徒全員にその男子トイレを見せる。その後、武道場で、わたしが司会者となってすすめることにした。主だった生徒には給食準備中に、担任が発言を要請しておいた。

角岡「トイレを見てきてどうだった？　野村、朝、先生に会った時にうれしそうに見てたなあ。三年生になったらオレもやろうと思ってた？」

野村「そんなこと思うわけないじゃん」

角岡「ほう、えらいじゃん。ではだれからでもいいから、あのトイレを見ての感想を言って」

久米かおり「あれを見てどうしてもわからんのが、トイレに行きたくなった時、どうするのかなと思った」

阿部「ほだよう、トイレに行きたくなったら特別教室のある所か、一、二年生の所まで行かんといかん。ほんなん、遠いし、恥ずかしいじゃん」

水野可奈子「トイレを壊した子はもうわかっとるんでしょ」

角岡「いや、わかってない」

可奈子「どうして？　信じられない」

多くの生徒（口々に）「ウッソー、そんなバカな」

尾嶋あゆみ「だって、便器って陶器でできてるんでしょう。割ったら大きな音がするんじゃないのですか？」

森田「普通なら、ものすごい音がしたらその場所へ行くと思います」

角岡「三年生の生徒みんな、そんな音聞こえなかったと言っている」

森田「そんなん、絶対おかしい」

西村「だれかが割ったとこを見て先生に言うと、その子はリンチされるような学年だったのかなあ」

あゆみ「その子が言ったことをわからんようにすればいいじゃん」

西村「それはそうなんだけど、ばれちゃうんじゃないの。そうとしか考えられん」

小林左千代「卒業した三年生は異常だと思います。だって、便器が割れた音が聞こえないわけないです。いくら放課で騒いでいても聞こえると思います」

角岡「聞くところによると、一時間目の授業中みたい」

全員（ざわつく。「どうなっとるの？」という感じ）

左千代「もし、それが本当なら、卒業した三年生は正しいことは正しい、いけないことはいけないと言えない学年だった。なんか、とっても悲しい学年だったんだね」

角岡「今、左千代が言ったように、何が正しくて、何が不正なのかの判断のつかない学年だった。先生から見ると、とっても元気がよくって、面白い学年だったと思う。でも、何かを壊すだけの学年になってしまった。もちろん一部の生徒だけど。その子たちは、なんか判断の仕方が狂っていたんだな。林間学校のスローガンのように『自分で考え、自分で判断し行動する』ということがなかった学年だった。しかし、君たちは林間学校や立志式等を自分たちでやりきり、三学期には『刈南中二年生憲法』まで制定した。その憲法の中にもすばらしい条文がある。『いじめや暴力、差別をなくします』『あらゆる不正をにくみます』だ。そのことからも賢い君たちだから、ああいう行為は不正であることはわかるよな。ではつづいて、あのトイレを直すのにいくらかかるかを、黒田先生に発表してもらいます」

黒田「今日の昼の放課に市の教育委員会に問い合わせたところ、あれだけのものを直すのにおよその概算で五〇〇万円はかかるだろうということでした。それだけのお金を他の教育関係に使うと、すごく有意義なことに利用できるということです」

「もったいない」「部活の予算にもらったらすごい」等と、隣同士でささやき合っている。この総会を実施して、一つの事件、一つの行為に対して、すぐに対処できる学年集団と、教師集団を形成する必要性を強く感じた。そして、あと一カ月足らずで三年生になる。

❖生徒は交わりを求めている！

卒業していった三年生はどうしてこんなに荒れたのだろうか。確かに元気のいい生徒がいた。わたしとしてはうらやましいと思ったほどである。生徒会活動でも一部の生徒はどんどんと活動していく。しかしみんなで活動するということがなかったようだ。荒れている子たちのパワーを巻き込んでいく取り組みに欠けていたのかなと思う。

わたしは他学年の教師に時どき、「角岡先生は運がいい」と言われる。それは、荒れた学年を持ったことがないという理由からである。わたしから見ると、そのように言う教師は逃げていると思う。例えば「オレ、遠足なんか行きたくねえ」と、教師のところに言って来られる関係をどうして早くつくらないのか。そうした交わりがあったからこそ、次の取り組みへと発展していく。そして結果的に、その生徒は行動的なリーダーに成長していく。そういう関係づくりを、わたしは惜しみなくやる。

同じ学年の教師は「主任は生徒をからかって遊んどるのが趣味だ」と言う。わたしはそれでいいと思っている。生徒と丁々発止とやり合う。だいたいコテンパンにやっつける。すると次は、違う作戦で挑んでくる。そうしたら少し負けてやる。こうして毎日を楽しく遊ぶように交わりを持てば「オヤジ」と言って寄ってくる。「運がいい」なんてうらやましがってないで、教室、廊下、運動場等をみれば、「交わり」を求めている生徒はいっぱいいるのだ。職員室にだけいては遊べないし、「交わり」がもてない。だから指導が後手後手になってしまう。わたしはそうしたことをしないというだけである。

［注］三年生になると、美術（週一時間）の二学期を使って「戦争」をテーマにした実践をしている。二年生は「地球環境破壊」をテーマに制作する。くわしくは拙著『思春期の生き方をひらく美術教育』

（明治図書）参照。

Ⅵ　３年生の誇りと役割と

３年／松下 景一

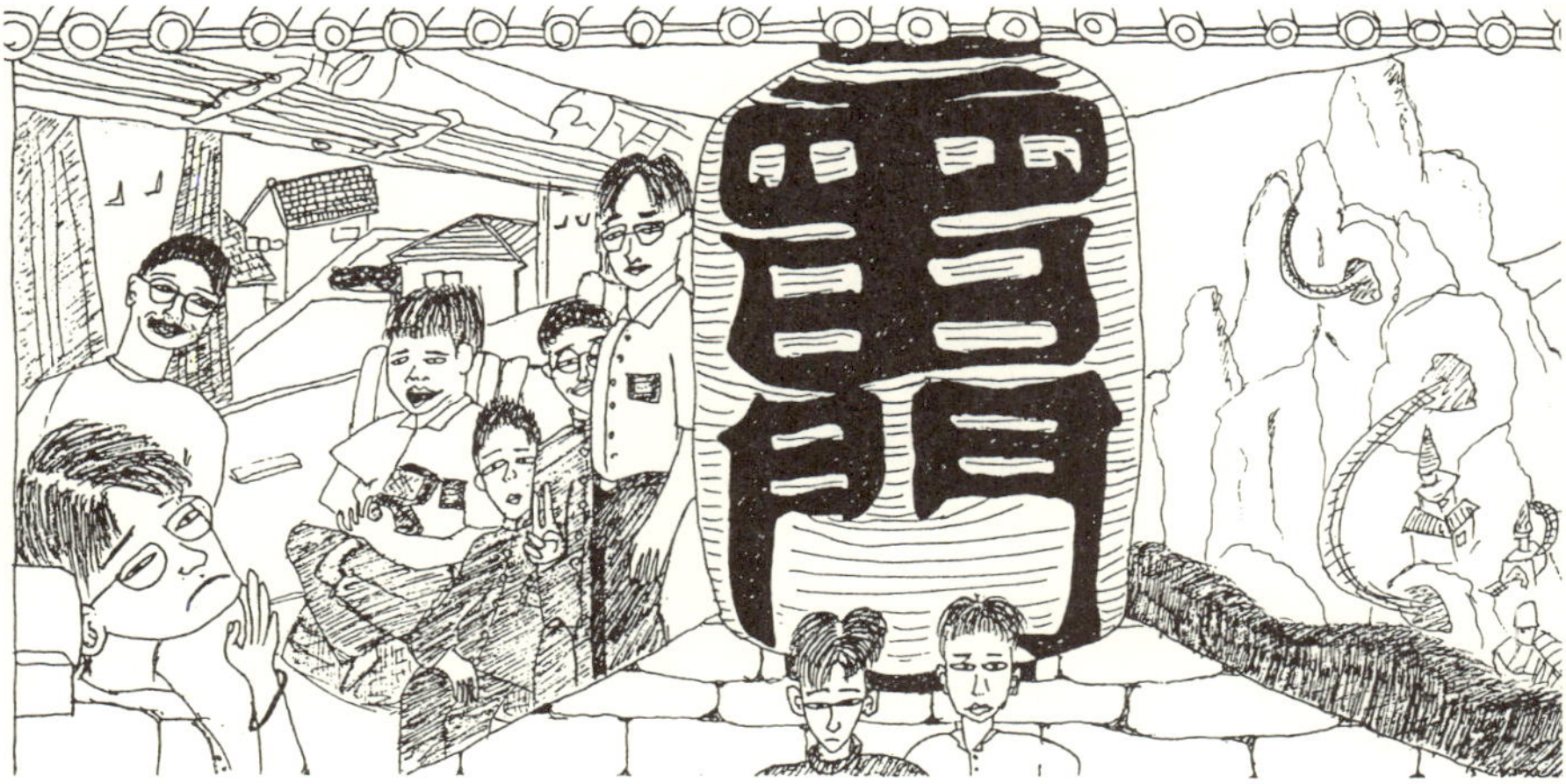

❖修学旅行のスローガン

修学旅行の取り組みは二年生の三学期からはじめていた。というのは、修学旅行は三年生になってすぐの五月二九日（月）〜三一日（水）にかけて行われる。教師主導の修学旅行なら、ひと月半もあれば十分であろう。しかし、今年の学年はそうはいかない。学級代表たちが二月ごろから「もうぼつぼつ修学旅行の原案をつくらないといけない」と、はりきっている。一方、「刈南中二年生憲法」制定でも忙しい。

わたしは修学旅行についてはあまり関わらないことにした。まずは憲法のことに集中したかった。ただ学級代表会には修学旅行に関して、「スローガンの決定」「班行動のおすすめ候補地」の二つは決めようということにしておいた。

修学旅行のアウトラインは一日目、東京近辺学級行動。二日目、東京班行動。三日目、ディズニーランド、グループ行動というように、どちらかというと見学と、遊びの多くある修学旅行であった。林間学校のように班、グループが協力して何かをつくりあげるといったものはない。だからできるだけ自由に、創造的にやろうという教師集団の構えであった。一番の関心ごとである服装問題は、校長と、例によって飲みながら了承済みである。ただ生徒たちには言ってない。

「先生、修学旅行は私服だよね」と、なれなれしく言ってくる。「何言っとるだ。林間学校と修学旅行とは全然違う。ねぼけたこと言うな」と、取りつく島もないほどつっけんどんをよそおう。「どこが違うだ?」と、喧嘩腰でくる。「修学旅行は学問を修めるための旅行だぞ。遊びじゃないんだ」と言っていつまでも突っぱねている。

ある時、林間学校で仲良しになったあのブレスレットの鈴木和子が、「先生たちも他の学校との関係でいろいろと立場もあるからさ、出発と帰りは制服にしてあげるからさ、東京では私服にしようよ」という妥協案をもってきた。このような会話が廊下等で日に一回はなされる。

一方、学級代表会では修学旅行のスローガンづくりをしている。各学級から出されたスローガンを二つにしぼり、その二つの中で再び選択し、学級代表会で決定した。

「集・楽・学・思」というものになった。これで何となく想像はつくが、わかりづらいところがあるから、簡単につけくわえる目標をそれぞれの学級で話し合って、スローガンと同じように二つにしぼり、再び学級で決めたものを学級代表会で決定した。

「集」――集団行動、自力で行動。
「楽」――楽しみの中に責任をもった自由。
「学」――学ぶ中に自由を求める。
「思」――今の仲間だからこそできる思い出をつくる。

こういったスローガンと目標を二年生の三学期につくった。さらに学級代表をのぞく修学旅行実行委員（各学級二名）で、東京の班行動での「おすすめガイドブック」を作り、三年生になったらすぐに修学旅行に取り組める体制をととのえておいた。

「刈南中二年生憲法」づくりと、修学旅行の取り組みの同時進行は生徒たちには大変だったと思う。しかし、だれも弱音をはかなかった。何かを追求する、取り組むという目的に向かって目が輝いていた。

❖地下鉄サリン事件の衝撃

こうして三年生を迎える準備は着々と進み、修了式を迎えた。そんな希望にみちた学年末休業中に地下鉄サリン事件が起きた。四月になって、刈谷市内の二、三の中学校では、東京での班行動を校長の指令で中止したという。

早速、校長室へ行った。いつ、どのようなかたちでサリンにまきこまれるかわからない。心配しだしたら修学旅行そのものを中止しないといけない。しかし生徒はすでに二年生の時から取り組みを開始している。だから、生徒を信頼して、もしそういう突発的なことに出会ったら、班できちっと対処できるように指導をする、ということで話がついた。

養護の先生に頼んで、日本中毒情報センターから、〈生徒のみなさんへ、『もしものために』〉の資料をFAXで送っていただいた。わたし自身、所用でサリン事件のあくる日に地下鉄の池袋駅に降りている。気持ちのいいものではない。五月の連休には、鶴見亜希が全国料理コンクールで優良賞を受賞したので、母親と伊奈先生（家庭科）の三人で新宿のトイレ横を通り、そしてその二時間後に事件が起きている。駅の構内のゴミ箱に紙屑が入っているだけでサリンではないのかと、みんなピリピリとしていた。

どう考えても腹が立つ。出勤途中、登校途中に突然、死に見舞われる。死の恐怖と戦いながらの生活を強いられる。道理をわきまえているはずの医者までもが殺人者になってしまう。これって、なんなんだろう、狂信のなせるワザなんだろうか。となると、ツバをはいた生徒の首根っこを抑えてむりやり犬走りまで連れて行き、その生徒にツバをなめさせるという行為に出た教師もあまり違いがないのでは…という感じがしてきた。

❖トイレ事件と修学旅行の私服

サリンがまかれた事件の後、刈南中では、考えられないことが起きた。最高学年という気のゆるみか、また昨年はこのくらい許されていたと思ってか、トイレにアメの包み紙が落ちている。トイレットペーパーが教室に散乱しているという状況が生まれた。

もうすぐ修学旅行である。実行委員会はこのことで頭を悩ませている。「こんな荒れた学年に私服なんて、校長先生が許すはずがない」と、わたしはさんざんたきつける。実行委員長の阿部公雄、副委員長の粂かおりは実行委員会を開いて対策を錬ることにした。

わたしが、校長役になって、みんなの要求をことごとくはねつけるという想定でのシミュレーション会議を開いた。

阿部「今年の修学旅行では私服を認めてほしいです」

かおり「そのわけは、わたしたちの今回の修学旅行のスローガンは、『集・楽・学・思』と決めました。『集』は、『集団行動、自力で行動』を目標にします。みんなで討議して、目標や決まりを守っていくためにこれを決めました」

阿部「二番目の『楽』は、『楽しみの中に責任をもった自由』を目標とします。僕たちが林間学校からいつも考えてきたことです。自由があるから本当の責任がもてると思います。そのために二日目は東京で班単位の自由行動になります。そこで、一人ひとりが責任をもって行動していきたいと思っています」

かおり「三番目の『学』は、『学ぶ中に自由を求める』という目標です。東京にあるいろいろなものを、誠実に自分の胸に刻み込んできたいと思っています。そのために各班が自由に学ぶもののを選択していきます」

阿部「最後に、『思』は、『今の仲間だからこそできる思い出をつくる』です。僕たちは一年生で植樹祭、二年生で米づくり、林間学校、職場体験学習、立志式といろんなことを取り組んできました。そうした中で、『刈南中三年生憲法』も制定しました。だから僕たちだからこそできる修学旅行の思い出をつくりたいと思っています」

角岡「うん、よくわかった。君たちは本当によくがんばって、いろんなことに取り組んできたことは認める」

阿部「そこで、修学旅行をもっともっと思い出深いものにするために、ぜひ、東京の二日間の私服を認めてほしいです」

かおり「よろしくお願いします」

角岡「君たちのスローガンや目標はとってもすばらしい。なるほどと思うところはいっぱいある。しかし、生徒指導の先生の報告によると、トイレにアメの包み紙が落ちていたり、チューインガムが壁に張り付けてあったり、トイレットペーパー一巻を水びたしにして、理科室にほかってあったり…。これらはまず、三年生がやったと思われる。一、二年生がやったとは考えられない。君たちは自由の裏には責任があると言った。先生もこの言葉は好きだ。でも、近ごろの君たちのこういった行動を聞くと、それは口先ばっかとしかいいようがないが、どうだね?」

阿部「これからはこういったことはさせません」
かおり「みんなで注意します」

❖やった！　私服が認められた

このシミュレーションをしていると、突然、太田が――
太田浩徳「それだけだと、校長先生は納得せんと思う」
阿部「じゃあ、どうすればいいんだ？」
太田「もっとさあ、具体的に言った方がいい。どのようにしたらこういったことをなくさせるのか、どうやって注意し合っていくのかを…」
阿部「そうかあ、具体的にかあ…。先生、ちょっと、タイム」
と言って、話し合いに入った。
わたしはしばらく職員室にいた。三〇分ほどたっただろうか、阿部が呼びに来た。今後の取り組みとして箇条書にしたものを持って、かおりが読み上げた。
①こうした事実を各学級で実行委員が話す。
②これは、林間学校から追求してきた「自由と責任」ということの正反対の行為だ。
③多分、ほんの一部の人たちの行為だと思うが、こうした行為が三年生全体の不利益をもたら

す。つまり三年生の信頼が失われ、修学旅行での私服化がだめになる。一人の自分勝手な行動が三年生全体に影響する。

④だからこうした行為を見たら、みんなで注意できる三年生にしていく。

⑤何よりも一人ひとりが自由をはきちがえて他人の自由を奪ってしまうことは止めることだ。

そして、実行委員会の全員が「さあ、どうだ！」という顔をして、わたしを見つめた。

角岡「そんな勝ちほこったような顔をしても、またすぐ、アメの包み紙はトイレに落とすようになるわ」

と言うと、「そんなことない！」と、どなりかえしてきた。

それからの実行委員会は学級で真剣に訴えた。そのためか、トイレでのそうしたことはピタリとなくなった。また、授業態度とか生活態度などもよくなってきたと、他学年の教師の評価もかなり高くなってきた。

そのように学年が前向きになってきた時に、阿部とかおりは実行委員会代表として校長との交渉に入った。出かける前に再度リハーサルをした。校長室まではわたしが案内して、後は二人にまかせて職員室で待った。

一五分たっても出てこない。少し心配になってきた。二〇分たって、やっと二人は出てきた。阿部はわたしと目が合うと、ＯＫのサインを出した。

さっそく実行委員が待っている三階の教材室まで行った。途中、いたずら心で、「オイ、下を向いて、ダメだという顔をして行け」とわたしが言うと、演技力のある二人はその通りにして教材室に入って行った。その顔を見て実行委員は、「ダメかあ」と悲痛な声を出す。阿部は下を向いて、「修学旅行での服装は…(みんなに向かってニッコリと)私服になりました」と言うと、「ワーッ!」という歓声。

出発は制服で。新幹線の中で明るくピース!

❖ディズニーランドでの笑顔

こうして、修学旅行は校長の要求として、出発は制服で、後の二日間は私服で、という自分たちの要求を獲得して、みんな楽しい修学旅行を満喫した。

ディズニーランドで、校長はわたしに、「私服の子たちは生き生きとるなあ。あそこにいる制服のグループは下向いちゃってかわいそう」

なるほど校長の言うとおり、特に制服グループは下を向いて決して離れようとしない。それに対して私服グループは、キャーキャー言って走り回っている。途中で迷子になっても、不思議とどこかで一緒になる。彼らは彼らなりに集合場所を決めているのだろう。同じ制服を見つけるより、だれチャンはこういう服と、はっきりと認識する方がはるかに思考を働かせるのにはいいと思った。まさに自由と責任をディズニーランドという空間と遊びの中ではたしている。このことがわからない教師は気の毒な気がした。

　二日目の夕食は幕張プリンスホテル（50階）の結婚披露宴会場で、二年生の時に米づくりでかせいだ二五万円を夕食に足してパーティーを開いた。ものすごい豪華で、サービスもゆきとどいている。フォークを落とすと、ボーイさんがさっと拾ってくれて新しいものに変えてくれる。生徒たちは目を白黒させている。

思い思いの服装でディズニーランドを満喫（上）。
赤いチャンチャンコで還暦を祝ってもらう（左）。

　そのプログラムの一つに、わたしの還暦祝を企画し、赤いチャンチャンコまで用意してくれた。阿部は、「角岡先生にわからないように、チャンチャンコを作るのに苦労した」と、後で修学旅行文集に書いている。

❖いじめ対策「人権委員会」を設置

楽しかった修学旅行の余韻を楽しむ間もなく、生徒会主催の「人権フォーラム95」の開催を二週間後にひかえている。生徒会長の小林左千代としては、「刈南中三年生憲法」を「刈南中生徒会憲法」として制定するということと、いじめの対策として「人権委員会」の設置を考えていた。その骨子を、修学旅行のすぐあとの日曜日に執行部数人とわたしの家で考えた。素案は、劇二本を上演して、憲法と人権委員会設置を呼びかける。そして「いじめ」に関したアンケートを集約し、それをふまえて、憲法制定と人権委員会設置のためのパネルディスカッションをするということにした。

小林左千代に、「先生、もう時間がない。演劇は先生にまかせたから何とかして！」と懇願され、可愛い左千代チャンの頼みとあっては後に引けないので、前生徒会長の西村学たちを呼んで、どうするか話し合った。

演劇の一本は、一、二年生は見ていないから、「タカチャンの青春」にする。後の一本は、どうして「いじめ」が起きるのかを、西尾の事件をある程度忠実に描いてはどうかということになった。生徒たちは中学校選手権大会を一カ月後にひかえて忙しいので、わたしが脚本づくりに励むことにした。そして「タカチャンの青春」は人権委員会設置の原案提出のための劇とし、新作の

「学校がなくなった」は、憲法の原案提出劇とした。

この二本の劇の後で、生徒会独自のいじめアンケート結果の発表があり、それらを含めて、パネルディスカッションをした。そのパネルディスカッションでパネラーの中から、「人権委員会を設立して、はたしていじめがなくなるだろうか。人権委員会に相談して、かえっていじめがひどくなるのではないか」という反論が出た。

それに対して、フロアーにいる三年生から、「いじめられっ子が安心して相談に行けるような人権委員会をつくる。その人権委員会を中心として、刈南中でもっともっと学習して、みんなで『いじめ・人権』について考えていこう」という訴えがあり、白熱した討論会になった。

フォーラムも終わり、学級にかえって、学級討議をして「刈南中生徒会憲法」制定、「人権委員会」設立を大多数の賛成者を得て可決した。

人権委員会はだれでも入れるし、また、いつでもやめることができるものとした。生徒会委員会の中の校風委員会が兼ねればいいという案もあったが、わたしはそれでは形骸化すると思った。なぜなら、校風委員会に所属する生徒はジャンケン等で決まった生徒が多い。だからやる気のある生徒はかなり管理的色彩の強い活動になり、反対にやる気がなければ何も活動しない。そういった委員会では人権委員会の活動はできない。だから学級に何人いてもよいし、ゼロでもいい。とにかく、いじめがあれば積極的に告発していこうという意思のある生徒で構成していった。

❖「刈南中三年生憲法」を全校生のものに

劇「学校がなくなった」

〔解説〕（幕前、マイク、スポット）

――わたしたちと同じ中学生で、自ら命をたってしまった清輝君は生前、どんな気持ちで毎日を過ごしていたのでしょう。だれにも気持ちを打ち明けることができず、自分一人で悩んだ。つらく悲しい毎日が、彼を死に追いやったのではないでしょうか。わたしたちは二度とこんなことがあってはいけないと、強くこころに誓わないといけません。（緞帳アップ。暗い中でキョクンにスポット）

キヨクン「（机に向かい、何やら書いている。マイク、暗いＢＧＭ）小学校の六年ぐらいから少しだけいじめられはじめて、中一になったらハードになって、お金をとられるようになった。中二になったらもっとはげしくなって、休み前にはいつも多い時で六万、少ない時でも三万～四万、このごろでも四万。そして一七日にもまた四万要求されました。だから…でも、僕が断っていればこんなことにはならなかったんだよね。スミマセン。もっと生きたかったけど…」（スポット、

ＢＧＭ消える。清輝退場）

男生徒Ａ「キヨクンがいじめられていたのを僕は見ていました」
男生徒Ｂ「僕も見ていた。そう、あの矢作川事件」

ワル一「おい！　キヨ！　おれたちが楽しんでいるのに、どうしてとめたんだよう」
キヨクン「だって、いじめはよくないよ」
ワル二「おれたち、いじめてなかったの。楽しく遊んでいたの」
キヨクン「だって、どう見たって、あれはいじめだよ」
ワル三「うるせい、一緒に遊んでいたの。こうやってな（キヨクンを川に突き飛ばす）」
ワル一「（キヨの首根っこを押さえて）一、二、三、四、五、キヨクン、なかなか息が長いなあ。
（再び押さえて）一、二、三、四、五、六、七、おお、だんだん長くなった」

男生徒Ａ「どうしよう、だれか、呼ぼうか」
男生徒Ｂ「いや、そんなことしたら、今度は僕たちがいじめられるから止めよう。先生にも言ったらダメだよ。いいな」

男生徒A「うん」（立ち去る）

（その間、ワルの三人組、逃げようとするキヨクンを捕まえては溺れさせる）

おじさん「コラー、お前らー、何やッとるんだ!」（その声に驚いて、ワルは逃げてしまう）

おじさん「大丈夫か?」

キヨクン（深々と頭を下げて）「ありがとうございました」（去る）

おじさん「今の中学生は、残酷だなあ」

――次の日

ワル一「おい！　キヨ！　ちょっと自転車屋へ行って、自転車を借りてこい。パクるんじゃないぞ、借りるんだぞ」

ワル二「おい！　キヨ！　オレ、鉛筆なくなったから、コンビニで鉛筆借りてこい。パクるんじゃなくて、ただ借りるだけ」

キヨクン「そんなことできません」

ワル三「キヨクンは勉強が好きだから、鉛筆がいるだろう。塾へ行く時、自転車がいるだろう」

ワル一（通りかかった女生徒に）「オイ！　オメーラ、このこと、先公に言うなよ」

女生徒A「ハ、ハイ」

ワルニ「もし言ったら、どうなるかわかっとるだろうな」
女生徒B「ハ、ハイ」
ワル一「おい、行こうぜ」
ワル三「OK」(退場)
女生徒A「ねえ、やっぱり先生に言おう」
女生徒B「やめとき、わたしたち関係ないじゃん」
女生徒A「そうね、関係ないね」
女生徒B「行こう、行こう」(退場)

キヨクン(先生登場)「先生、僕、阿部君たちに…」

先生(女)(たたみこむように)「キヨクン、あなたでしょう。自転車盗んだのは…」

キヨクン「いいえ、僕は阿部君たちに…」

先生(たたみこむように)「あなた、最近ヘンよ。成績はどんどん下がるし、授業中騒ぐし…」

キヨクン「あれは、阿部君たちが…」

先生「人のせいにするものではありません」(退場)

キヨクン「先生…、やっぱりだれも僕のこと、わかってくれない…」

（キヨクン、机に座り、何か書きはじめる。そこへスポット、暗いＢＧＭ）

キヨクン「僕がどれだけ使い走りにされたかわかりますか。なんと自転車で、しかも風の強い日に、エルエルまで一時間で行ってこいと言われた時もありました。あの日は確か塾があったと思います。夜ちょくちょく家を出て行ったり、いつもより遅い時、そういう日は、ある二人のために塾について行っているのです。そして、今では「パシリ１号」とか呼ばれています。あと、遠くへ遊びに行くとか言って、途中で僕が帰ってきたケース、ありませんでしたか。それはお金をもっともっと取ってこいって言われたからです。

僕は他にいじめられている人よりも不幸だと思います。それはなぜかというと、まず相手の人数が四人でした。だから一万円も四万円になってしまうのです。しかもその中の三人はすぐ殴ったりしてきます。あと、取られるお金の単位が一ケタ多いと思います。これが僕にとって、とてもつらいものでした。これがなければいつまでも幸せで生きていけたのにと思います」（溶暗）

〔解説〕――こうして、清輝君は自ら命を絶ったのです。

…では、出演者のみなさんに聞いてみたいと思います。ワルの三人組のみなさん、どうぞ！

（登場）ワルの役をやってどうしたか？

ワル一「気分いいです」

――どうしてですか?

ワル一「自分の思うとおりに暴力ふるって従わせられるって、気分いいです。本当は、絶対にいけないことだけど」

ワル二「僕は、自分たちと同じことをやったり、同じ考えでないといじめてしまうことがあるんじゃないかと思う」

ワル三「僕の役はさア、この三人の中で一番下っ端じゃん。するといいところを見せようと、つい、みんなより暴力をふるってしまう」

ワル二「僕は、ワル三が派手にやるもんで、もっとやる」

ワル一「そう、僕はトップだから一番派手にやる。そうして、例えばお金をどんどん持ってこさせるようにエスカレートしていくんだと思う」

――はい、ありがとうございました。では、無関心派を演じた人、出てください。(登場)キヨクンが川で溺れさせられている時、どうして助けなかったのですか?

男生徒A「そんなことしたら、今度は、僕たちが逆にいじめられることになる」

――どうして?

男生徒B「だってなあ、みんなと変わったことをしているといじめられるもん」

――本当ですか?

女生徒A「本当です。みんなと同じことをして、同じ話題を話し合っていれば平和なんです」

女生徒B「見て見ぬふり、あたらずさわらず、全て関係ない。これがお互い平和なんです」

おじさん（突然登場）「バッカモン！　あの時、キヨクンは矢作川の水をしこたま飲まされて苦しそうだったんだぞ。それをなんにもせずに平気な顔をして見てるだけ。今の中学生はなんてなさけない！」

男生徒A「じゃあ、おじさんは、僕たちが止めたあと、今度は僕たちがいじめにあっても責任もって、いつでも止めさせてくれますか？」

おじさん「グ、グ、グ…。（下がったのを思いとどまって）おじさんは毎日君たちと、生活してるわけでないから簡単にはできん」

男生徒B「じゃあ、簡単に注意せんといて」

おじさん「しかしなあ、一人の子がいじめられて苦しんどる時に、他の子たちは見とるだけなんて…。そんなことなかったぞ、昔は！　キヨクンが可哀想だと、だれも思わんのかなあ」（肩を落として寂しく退場）

先生「（突然）そうだわ、学校をなくしてしまえばいいのよ。日本中の中学校全部なくしちゃうの。そうすれば、いじめもなくなるし、学校も壊されなくてすむし、わたしも生徒にバカにされなくてすむし…。そうだ、そうしよう！」（と、うかれて退場）

〔解説〕――ここで、中学校がなくなってしまったことを想像してみましょう。
（照明、青っぽく。サイケデリックなＢＧＭ。登場人物は海の中を泳いでいるように）
ワル一「なあんにもない」
ワル二「みんなおれたちが壊しちまった」
ワル三「毎日少しずつ」
ワル一「時にはいっぺんに」
男生徒Ａ「隣の学校もそうだった」
男生徒Ｂ「そのまた隣もそう」
全員「今は、中学校はがらんどう」
女生徒Ａ「中学校はみんなぼろぼろでした」
女生徒Ｂ「先生もいなくなった」
おじさん「政府は考えました。壊されたり、いじめがあったりする中学校は必要ない」
全員「それは、税金の無駄使い」
先生「わたしたち教師も考えました。暴力ふるわれたり、バカにされたり、あちこち壊れた所を修理したりするために学校へ来るのはごめんだ」
女生徒Ａ「中学校はなくなりました」

女生徒B「中学校だけなくなっちゃった」
男生徒A「今、小学校を卒業したら、三年間は働く決まり」
男生徒B「ものを壊したり、大人の言うことを聞かなかったりするのは」
男生徒A「働く大切さを知らないからだって」
男生徒B「そのために、親から隔離されて働かされました」
女生徒A「それぞれのサティアンで働いても、何の役にもたたない。いや、平和な社会ではかえって害になる武器、弾薬を作らされるのです」
女生徒B「サリンも作らされるのです」
ワルー「イヤダー、俺、いやだ」
先生「イヤダーって？ 政府の言うことは〝尊師〟の言うことと同じです。それに従ってもらわないと困ります」
おじさん「キヨクンもおまえさんたちにいじめられているときにどんなにか、いやだと思ったことか」
ワルー「オレー、頭、悪いもんで、一時間机の前にいるってのは大変なんだよ。オレは黙ってじっと座ってるとムカつくんだよ。ほいで、ちょっとふざけるとよ、先公は、『うるさい』って怒りやがるし…」

ワル二「おれたち、本当は学校でみんなと勉強したり、運動したり、遊んだりしたかったんだよう」

ワル三「だけど、勉強、ちっともわからんのに、先へどんどん進んでいく。静かにしていてやろうと思ってマンガ読んどりゃあ、『マンガなんか持ってきちゃいかん』て、言いやがるしよう。騒いだ方がいいのか、マンガ読んでる方がいいのか、どっちかにハッキリしろってんだ。…で、学校がなくなってせいせいしたぜ」

男生徒A「……僕、自分のことしか考えていなかった」

女生徒A「わたしも」

男生徒B「僕、学校が壊されても僕がやったんじゃない、関係ないと思っていた」

女生徒B「みんなが関係ないと思ってたことが中学校停止。そして、人殺しの武器や毒ガスづくり…」

先生「先生も教えることをやめてせいせいしたと思っていたけど、あなたたち中学生がこんなひどいことをさせられるなんて…。先生の責任だわ。あの時、キヨクンの話をろくに聞きもせずに、キヨクンを一方的に悪者にしてしまった先生にも責任があります。ねえ、キヨクンのためにもみんなでがんばって、もう一度、中学校を再建しましょうよ」

全員「賛成！」
解説「それならまかせなさい！」
女生徒A「ええっ、あなたは、だあれ？」
解説「わたしは、刈南中生徒会長の小林左千代です」
かおり「わたし、副会長のかおりチャン。ねえ、ねえ、中学校が悪くなったって、それで学校を停止してしまうなんておかしいと思う」
水野「ちなみに僕、書記の水野だけど、学校を停止してしまって、あんな不潔なサティアンにぶち込んで、僕たちに武器・弾薬を作らせるなんておかしいよ」
左千代「正常な中学校ってどんな学校？」
高山（書記）「いじめや暴力のない学校」
三好（会計）「差別のない学校」
近藤（副会長）「みんなが不正をにくむ学校」
鈴木（会計）「そうだ！　今言ったいじめのない学校、暴力のない学校、あらゆる不正をにくむ学校にすればいいんだ！」
かおり「そのためにわたしたち刈南中生徒会の憲法をつくろうよ！（「いじめ暴力、差別をなくします」「あらゆる不正をにくみます」「みんなで決めて守ります」の垂れ幕を出す）。ここにある憲法はわたしたちが二年生の時に、三学期のほとんどをかけて討議して決定した憲法の中の『いじめ、暴力、差別』に関係した憲法です。これを三年生だけでなく、刈南中生徒会の憲法にしていきたいのです。今からこれを憲法として採択するかどうか討論してもらいます」

左千代「では、まず、パネルディスカッションの形式で討論をします。パネラーの人は前に出てきてください」

❖劇「学校がなくなった」後日談

この「学校がなくなった」という劇は昔、何かの脚本集で読み、特に学校をなくしてしまうという発想がなんともおもしろく、ユニークな感じがしていた。それをふっと思い出し、西尾の事件を中心にすえ、オウムの事件などをごちゃ混ぜにしてつくった。

この台本は同じ年の夏休みに愛知で民教連主催「東海近畿集会」が開かれて、その「別れのセレモニー」で使うことになり、わたしが演出をすることになった。

七月ごろ、名古屋のある会議室で立ち稽古をしている時に、キヨクン役をやった、子育て真っ最中の若い教師が、一歳半くらいだったか、よちよち歩きの子どもを連れてきた。その子はキヨクンがいじめられているシーンになると、必ず火がついたように泣き出す。自分のお父チャンがいじめられていると思ったのだろう。ワル役をやっている三人は、「僕たちの演技がうまいからだ」

と言っているし、わたしも負けじと、「何言っとるだ、オレのつくった台本と演出がいいからだ」と言い争ったが、結論は「この子の感性がいい」ということに落ち着いた。それからはそのシーンがくると、出番のない教師が外に連れ出して遊んで、いじめのシーンがなくなると中に入る、という稽古を重ねて「別れのセレモニー」を成功させていったことがある。

❖刈南中版「子どもの権利条約」を作る

人権委員会の取り組みは、夏休み後もつづいた。七月は「いじめ」中心の学習であった。二学期からは、三年生は部活引退で少しはヒマができる。しかし、文化祭等多くの行事をひかえている。合唱コンクールでは、三年生のメンツにかけても一番すぐれた歌声を響かせなければならない。一〇月になると、どの学級も必死に歌いこんでいる。その歌声が朝の短学活、帰りの短学活で響き出すと、一、二年生もあわてて取り組みはじめる。やはり三年生は学校のリーダーであらねばならない。

文化祭での演劇部門は、「風の国のタロー」を上演する。これは宮沢賢治の「オッペルと象」が原作で、名古屋の「劇団うりんこ」の本田忠勝さんが脚色したものである。七〇年も前に、すでに地球環境破壊についての危惧を童話に書いている。そこが宮沢賢治のすぐれたところである。「風の国のタロー」に主役として出演した西村学は、カーテンコールで「地球環境、人権問題を考える刈南中生になろう」と訴えた。そして、人権委員会は、「子どもの権利条約」刈南中版をつくろうということになった。まずは、「国連子どもの権利条約」（『子どものしあわせ』草土文化社。90年6月臨刊）を読んだ。全員チンプンカンプンである。

角岡「オマエたちバカだなあ…。中二の女の子がわかりやすく解釈しとるぞ。見てみろ」（『子どもによる子どものための、子どもの権利条約』アムネスティ編。小学館）

榊原佳苗「すごーい。この子どういう子？」

角岡「どういう子って、少なくても佳苗より頭はいい子だわなあ」

佳苗「先生、わかっとること言っちゃいかんて」

角岡「ようわかっとる、佳苗はえらい、えらい。さてと、この本を参考にして、刈南中版『子どもの権利条約』を文化祭までにつくってほしい。やることは、①40くらいある条文を10くらいの条文にする。②グループをつくる。もし10の条文だったら10グループにする。③グループで一つから三つの条文を刈南中版にする。④それを発表できるようにする。その時、ＯＨＰ等の機器を使ってもよい。⑤指導者は石部先生にやってもらう。石部先生もすごく張り切ってみえたから、みんなもしっかりとがんばってな」

全員「ハイ」

というわけで、二〇人くらいの人権委員の生徒たちが、刈南中版「子どもの権利条約」をつくった。そして、文化祭でＯＨＰを使って発表した。そのいくつかをここにあげる。（ここの第〇条は、「子どもの権利条約」と同じ条である）

第三条　子どもの最善の利益
　1、わたしたちには、どうしてもできないことがあって、それを大人が手助けする時は、わたしたちにとって、「いちばんいいように」ということを、いつも一番に考えてほしい。
　2、先生たちはわたしたち生徒が幸せになれるように、守ったり、育てたり、その他いろんなことをしてくれる。
　先生たちはいつだって、わたしたち生徒のことを考えて、わたしたち生徒の一番の味方でいてほしい。

第十二条　意見表明権
　1、中学生になったら、自分の考えをはっきりいえるようにしよう。
　自分の関係のあるすべてのことについていろんな考えをもち、それを、仲間や先生や学校に「自由に伝えていい」権利をもっている。だから学校は、わたしたちの精神年齢や成長をしっかり考えて、きちんと、それを受け止めるようにしてほしい。
刈南中生は、自分たちに関わるいろいろなことを、自由に伝え、聞いてもらうことができる。それは生徒会や学校に直接言ってもいいし、学級代表や人権委員会に言ってもらってもいいんだ。

第十四条　思想・良心・宗教の自由

1、わたしたち中学生は、どんな考えをもってもいい。「これが正しい」と思ったことが他の人たちと違っていても、一人ひとり顔が違うように、一人ひとり考えが違っていてもおかしくないし、恥ずかしいことじゃない。だけど、自分の考えだけが正しいと思ったり、他の人を悪者にしてまで、自分の考えをおしつけてはいけない。

2、「何が正しいか」は勝手に決めているわけじゃないんだ。それを決めることができるのは、刈南中生が話し合いをして、納得して出した結論。刈南中憲法の下でおこなった話し合いの結論。
一番確かなのは、それなんだ。

Ⅶ　教師としての原点

1年／和田　巧

❖ワルガキで名を馳せた父

わたしは、父親の実感があまりない。というのは、戦争中、中国東北部（旧満州）のかなり北、チチハルに住んでおり、八歳の時、からだの調子を崩し、満州では気候が悪いからだめだというわけで、父の友人に連れられて、祖父母のいる日本に帰ってきた。

それから二年後に敗戦。父はシベリアに抑留。次の年、一九四六年一月に戦病死。母は一年間チチハルで売り食いで命をつなぎ、同年一〇月に妹（次女）と弟を連れて引き揚げようとしたが、弟はハシカが悪化し、そこで幼い命を落とした。妹も同じハシカにかかったが、母の献身的な看病でなんとか命をとりとめた。刈谷の駅で引き揚げてきた妹を見た時に目だけ大きく、からだ、手足がほっそりして生きているのが不思議なくらいであった。もしあの時、わたしが日本に帰っていなければ死んでいるか、でなければ中国残留孤児になっていたのかも知れない。

父は子どものころからかなり変わり者だったらしい。近所の畑でイチゴがなると、昔のことだから盗みに行く。すると、お百姓さんが怒って丸太ん棒を持って追ってくる。たいがいの子は捕まると恐いから二、三日様子を見る。しかし、父は次の日も平気でイチゴ泥棒をした。

百姓「泥棒！」

父「泥棒じゃないわい！」

百姓「どうしてだ?」

父「泥棒は手で取ってどこかへ持ってっちゃう。だけど、オラア、手を使わんでなっとるイチゴをかじって食っとるだけだ」

と、目を剥いて言ったという。そのお百姓さんはのちに私に向かって、「おまえのオヤジのカッチャ(父の名前、勝次の愛称)には、本当にまいったぞう」と言った。そしてカッチャの息子ならお前もまた何かやらかすだろうという顔をしていた。

昔はよく、お寺とか、お宮で田舎芝居の小屋が建った。小学校に入学する直前に、父は、その田舎芝居を見ているうちに芝居がやりたくなって、そのまま田舎芝居の興業について行ってしまった。そして一年経って、あきてしまったのか、「ただいま」と言って帰ってきたという。

一年間も放っておいたというわたしの祖父母も相当なものである。多分、芝居の座長とはなんらかの連絡はしていたと思うが、長男を見ず知らずの、しかも昔は芝居といえば半端もんがやることとして市民権はなかった時代である。そのために父の小学校入学は同じ年の子より一年遅い。わたしもよく近所のおじさん、おばさんにこのことを聞かされた。その時もやはり、「カッチャの息子だからマサチャンも…」と言われたり、そういう顔をされたりした。

❖「満州」への旅立ち

小学校時代も多くの奇行があったというが、あまり多すぎて忘れてしまった。やがて父は岡崎師範学校を卒業すると、名古屋市港区の小学校に就職した。そして結婚。その結婚式も名古屋の職場から帰ってきて突然、「明日の結婚式は神前結婚でやる」と言い出して大騒ぎしたらしい。当時は結婚式も仏式だった。現在のように結婚は神式、葬式は仏式というように分業化されていなかったので、「また、カッチャはおかしなことを言って！」とぼやきながらも、神主さんにお願いしてとどこおりなくすんだらしい。そして、一九三五年四月にわたしが生まれた。

父はいつごろからか、右翼思想に傾倒した。東京にEという右翼の権威ある先生がいて、その先生の支援のために、満州（現在の中国東北地方）へ行けば、同じ教師をやっていても給料が二倍近くになるということで、満州で教師になる決意をした。わたしが四歳の時である。

少しばかり物心がついての思い出として、父が満州へ出発の時、多くの人々に囲まれてプラットホームで別れを惜しんでいる。やがて出発のベルが鳴る。汽車が動き出しても乗らない。デッキの手すりにつかまってスピードがつきそうになるとさっと乗る。子ども心に「何とカッコいい」と、なぜか思った。そして何年か過ぎ、わたしも中学生になって、名古屋に行くようなことがあると、汽車が走り出してから乗るという、父の真似をしてカッコつけていた。今は自動ドアになってしまい、それができない。

他人から見れば危険でつまらないことでも、そこが親子の血のつながりなのかなと、時々思う。

それから一年ほどたって、母と妹（長女、満州で疫痢で死亡）の三人で、父のいる満州へ旅立った。最初は、王爺廟《おうやびょう》という所（現在の烏欄浩等《うらんふと》）で生活をした。わたしのうろ覚えでは、家は土饅頭のような形で、全部土で作られていた。冬はオンドルで床、壁は温かかった。土地は所々に草が生えているくらい。ほとんど砂漠に近いような所であった。

❖叩かれて不登校に

しばらくたってから父は、そこからさらに北上したチチハル市へ転勤した。小学校と青年学校を兼ねた学校の近くの、今の市営住宅のような家で暮らすことになった。そのころの日本は、日中戦争のドロ沼へと加速していった。

一九四一年一二月八日に真珠湾を攻撃した。「大本営陸海軍部午前六時発表。帝国陸海軍は本八日未明、西大平洋において米英軍と戦闘状態に入れり」という臨時ニュースをラジオで聞いている。しかし、半年もたたないうちに形勢は逆転し、大敗をきっする。一九四三年五月二九日、アリューシャン列島のアッツ島守備隊二五〇〇人が玉砕した。超右翼になっていた父は、ラジオで「玉砕したのは今の陸海軍がなまぬるいからだ」と、放送してしまった。

さあ、それからは、憲兵がわたしの家の周りをうろつくようになった。そのために家を転々とした。でも最終的には神武殿武道場といって、剣道、柔道、空手の道場と、かなり広い運動場をもつ家に住むようになった。わたしたちが、住む前の人と懇意であったということで借りたのか、買ったのか知らないが、かなりリッチな家だった。

わたしも小学校一年生になった。勉強は図画と体育以外はだめ。特に算数はさっぱりできなかった。一年の担任は三〇代の男の人で、引き算で答えを間違えるたびに、その教師はポカポカとわたしをなぐった。ほかの子はたたかないのに、なぜかわたしが答えを間違えると、待ってましたとばかりにたたいた。そのために、だんだん学校がいやになり、不登校ぎみになっていった。

二年生も同じ担任になった。一学期からますます学校へ行くのがいやになってしまう。ちょうどそのころ、リンパ腺がはれるという病気にかかり、手術をしたりして通院が多かったので、不登校に輪をかけていった。そして、二学期になってほとんど学校へ行かなくなり、「正卿《まさあき》が学校へ行かないのは満州の風土にあわないからだ」という父の思い込みで、日本に帰されてしまった。結果的にはそれで正しかった。その時、正直いって、父母と別れるさみしさよりも、その担任教師から解放されることの方がうれしかった。

そんなに学校嫌いのわたしでも、父はわたしに対してすごい期待をかけていた。遺言に「正卿は利発な子です。将来、科学者にしてください」と書いてあるのを見た。なのに、科学とは正反対の、芸術をめざすようになるという、父の意にそぐわない人間になってしまった。だいたい、引き算のできない子どもが科学者なんかになれるわけないのに、そこは親バカなのだろうか。

❖多種多芸の父

父は、アッツ島が玉砕したときに後先を考えずに軍部批判をしてしまうという一途なところと同時に、音楽、絵画、演劇とかなりの多種多芸であった。

まず、音楽関係では、ピアノ、ヴァイオリンの腕はかなりのものだった。父の奏でるピアノ、ヴァイオリンは、子どものころからいつも聴いていた。名古屋で二〇数名で楽団を結成して、そこで第一ヴァイオリンを担当していた。その演奏会に一、二歳のわたしを連れて行った。幼児だから当然むずがった。しかし、演奏が始まると、不思議なことにピタリと泣き止んだという。しかも何回連れて行ってもそうだったという。ということは、小さいころから音楽の天才教育をうけておれば、今ごろは世界的な音楽家になれとったかも…？　やっぱりだめかな…。

中学高校と、古びたラジオでクラシックを聴くようになってから、特にヴァイオリンの小品の名曲、「ユーモレスク」等を聴くと、昔、どこかで聴いたことがあるような気がした。それは多分、父が家で弾いていたのを覚えていたのだと思う。

絵画の面でもかなりの腕があった。父はペンテックスという技法でよく描いていた。ペンテックスというのはセロファンを円錐に丸めて、その先を一ミリほど切り、円錐の中に油絵の具を入れ、そこを押さえて描くと、先端の切った部分から絵の具が出て、ビロード布に描いていく技法である。

とにかく半年くらい必死になって描いていた。というのは、ある中国人が主催して個展をひらく計画であった。しかし作品ができあがったらその中国人は、父の描いたペンテックスの絵を全部もってドロンしてしまった。おかげでものすごい損失だったと、後になって母がぼやいていた。このことは、わたしが絵を描くというよさと、そして、すぐに人を信じ、金銭の管理感覚がほとんどないという悪い面の両方を合わせて、父から譲り受けたことになる。

❖芝居好きは角岡家の血筋

そして演劇である。これは角岡家の血筋なのだろうか。わたしから四代さかのぼる曽祖父は若いころ、芝居に熱を入れ過ぎて勘当された。しかし、わずかの土地と家を建てる材木はもらった。だから家は明治元年に建てたが、材木は江戸時代のものである。その芝居好きの血を父は受け継ぎ、例の小学校入学前に田舎芝居について行ってしまうことになる。

アッツ島玉砕の軍部への批判後、しばらくはおとなしくしていたようであるが、当時のチチハルは娯楽のない所であったから、日本人が集まってよく演芸大会をやっていた。その時、父はしょうこりもなく、芸者と一緒に軍部批判をパロディー風にやった。芸者がふんする兵隊がズッコケたりしてかなり受けていた。しかし時節柄である。途中で検閲が入り、最後までできずに中止となる。再び憲兵につきまとわれ、あまりのしつっこさに転居してしまった。そこは隣近所に日本人はいなかった。家の造りも中国風だった。

この芝居好きも、わたしは受け継いでしまった。小学校時代から学芸会に出たり、中学校時代は学級別演劇大会、地区別演劇大会ではほとんど主役で出ていた。「さすが、カッチャの息子だ」とも言われた。大学に入ってから演劇部に入部し、はじめは舞台装置だけ作っていたが、そのうちにゾロゾロと芝居好きのムシが出てきて、のめり込んでしまった。

父とは八年足らずの付き合いであるが、わたしと父はいろいろなところで似ているようだ。それらのほとんどは、「変わっとる」「悪さをよくする」と、あまり評判のいいものではなかったが、本当に悪意に満ちた言い方ではなかった。そして、「カッチャの息子だからこれくらいのことはやるわ」とも言ってくれた。したがってわたしのイタズラは、父のおかげですでに市民権を得ていた。そのために、イタズラをしないと村の人々の期待を裏切ることになるから、やりたいことをして遊んでいた。

❖シベリアでの無念の死

父が一番残念だったことは徴兵検査で甲種合格にならなかったことだ。師範学校時代に病気をして、背が伸びなかった。だから、敗戦直前に召集令状がきた時は二等兵であった。師範学校を出て甲種合格だったら、すぐに将校になれるはずである。

そして敗戦。一カ月ほどたって、食べるものもなくふらふらになってチチハルの家に帰ってきた。帰ってきたとたん、旧ソ連軍の捕虜になって連れて行かれた。母は別れる時、「今は暑いが、冬になると寒くなるから」と言って、オーバーを持たせた。それが最後である。

シベリアのチタ市で、捕虜生活を送った。栄養失調のため、ほとんど働くことができなかったようである。すると、若い日本人将校が「お前は働かんのだからノルマがない。だから食べてはいかん」と言って、父のわずかな食事のほとんどを取り上げ、その将校が食べてしまったという。ますます体力がなくなる。やがて冬将軍がやってきた。するとその日本人将校は、「お前はノルマがないから、オーバーなんか必要ないだろう」と言って取り上げてしまった。その結果、寒さと飢えのために一九四六年一月一六日に死んでしまった。その時わたしは小学四年生。そして、父の死を聞いたのは中学校二年生の時だった。

シベリアで父と親しくしていたという人が父の死んだ様子、というよりも日本人将校に殺された様子を、シベリアから引き揚げてくる時にわざわざ報告に来てくれた。その人は新潟の人である。日本への上陸は舞鶴だから、かなり大回りをして名古屋まで来てくれた。あまりにもひどい殺され方だったので、どうしても報告したかったと言う。

そのことを聞いた中学二年生のわたしはあまりピンとこなかった。父と別れてもう七年になる。

母と妹はすでに満州から引き揚げていた。はっきり言って、父がいなくてもなれていたという感じであった。それよりもいつかひょっこり帰ってくるのでは、という気持ちの方が強かった。

❖父の死が教えてくれたこと

中三になって、戦没学生の手記を映画化した『きけわだつみの声』（関川秀雄監督）を学校から刈谷の映画館まで三キロの道のりを歩いて観に行ったことがある。敗戦直前の南方戦線における軍隊内部の矛盾を鋭く追及した映画で、今思うと、その当時の教師はこうした反戦映画をよく観賞させてくれたものだと感心する。

この映画は、学徒動員させられた学生たちがジャングルの中でひどい生活を強いられ、兵隊と将校たちの食事等の差、そして、中隊長の乗る馬が丸まると肥えていたこと、兵隊たちはあまりの飢えのため、その馬を殺して食べたこと。そのことがばれて残虐きわまりない処罰。最後にアメリカ軍による容赦ない攻撃で全滅する。多分、わたしの思い違いでなければ、中隊長とその部下だけが生き残った。この映画の、信欣三演ずる良心的な大学教授と、父の死とをだぶらせて観ていたような気がする。

高校に入って、はっきりと「あの戦争は間違いである」という姿勢で授業をしてくれた歴史の教師がいた。もうこの時期（一九五三年ころ）、あの忌わしい戦争を賛美するような高校教師が多くなっていた。世の中も朝鮮戦争勃発にともない、自衛隊の前身、警察予備隊もできた。

　高二になったわたしは、はっきりと戦争はいけない、最大の悪事であると確信していた。だから戦前の悪法、「治安維持法」に匹敵する「破壊活動防止法案」に真剣に反対することに取り組んでいった。集会にも参加したし、デモにも参加した。

　このようにわたしをかりたてたのは、父の死によることが大きい。父が死をもってわたしに教えていったこと、つまり戦争というのは大量の破壊のしあいと、大量の殺りくのしあいであるということ。そして、後に残された遺族はいいようのない悲しさと、生活のきびしさを強いられるという現実。このことはこれからわたしが生きていくうえで、絶対に許すことができないことであるという理念をもつようになった。

❖大学で美術を選んだ動機

　一方、わたしはチャランポランな面も多くもち合わせていた。美術の教師にでもなろうかと思ったのは、浪人中に美術の学生はスケッチブックだけ持って、毎日ブラブラしていて楽しそうだし、授業中にヌードが見れるという単なるスケベ心からである。浪人をしたというのは、高校時代は正しい報道をという正義感から新聞記者になろうとした。しかし、わたしは大学に合格するための受験勉強を真剣にやるという真面目さはなかった。そのうちなんとかなるだろうという程度で名古屋大学を受験したが、もののみごとに落ちた。

浪人中もほとんど予備校へは行かずに、チャンバラ映画や西部劇を観ていた。金がなければ公園で遊んでいた。でも、なんとか希望の愛知学芸大学（現愛知教育大学）美術科に入った。入学した一年生は一七人。教官は主任以外は若く、友だちのようなところがあった。本当にいい大学に入ったと、心から思った。第一に、難しい勉強はあまりしなくてもよさそうだし、絵を描いておればいいからである。

わたしは一緒に入学した学生に一つの提案をした。それは二年生修了までに、美術以外の評価ではできるだけ「C」を取るようにしよう、その方が難しいからと。みんなは手をたたいて賛成してくれた。しかし終了した時、評価の表を見せっこしたら、みんなみごとに裏切っていた。わたしだけが極めて優秀（！）な成績、体育と何かが「B」、後は全部「C」というはなれわざ。みんなからほめられたが、その数日後、教務課に呼び出されて、三、四年生の奨学金カットを言い渡されて、非常に悲しい思いをした。

大学時代は勤評闘争の時代で、岡崎市の教職員組合の代表委員会にオブザーバーとして参加したりした。そこは執行部だけが張り切っており、ほとんどの参加者はさめていた。「これはだめだ」と、直感した。はたして、わたしが新任教師になった時は、当時の執行部として勤評に取り組んでいた教師は学校の代表にすらなれないほど、締め付けがきつくなっていた。

❖新米教師の人気の秘密

そうした状況の中、わたしは現在、豊田市になっている村立上郷中学校へ赴任した。そこは戦争中飛行場があった所である。強制的に日本に連行された朝鮮の人たちが敗戦後一四年もたったのにスラムを作って住んでいた。わたしはそこに住んでいる生徒たちとすぐに仲良しになった。わたしが宿直の時、その子たちが学校へ遊びにきて一緒に寝たりした。

一〇月になると、矢作川の水門が閉められる。すると、農業用水である明治用水の水が一挙に減るから、たくさんのフナ、コイ、ナマズ、ウナギ等が手づかみで取れる。さっそく元気のよい子たちと魚取りである。中学生だからすばしっこく大漁だ。次の日、味をしめて、美術の時間に魚を取りに行った。

ちょうどその時、村の青年団と出くわし、一匹のコイをめぐって争奪戦となった。中学生男子生徒二〇人対青年団五人では圧倒的に中学生有利。一人の生徒が抱きかかえたコイは六〇センチ以上はあった。その夜、チョンガー教師とコイを肴に宴会となる。活躍した生徒たちも数人、コイ汁に舌鼓を打った。現在の学校では考えられないことである（当時でもそうだったかな?・）。

あくる日、くやしがった青年団が「授業中にポンツク（手づかみの魚取り）をしとる教師がいる」と教育委員会に直訴し、すぐに校長に呼ばれてしぼられた。しかしそんなことでへこたれるようなわたしではなかった。しぼられたその日は全員紙と鉛筆を持たせて、川の堤防で「すぐに魚の絵を簡単に描け。描いたらポンツクだ！」。もちろん青年団にも行き遭った。案の定、次の日、また教育委員会から抗議があった。校長に呼ばれたがわたしは、「魚のスケッチをするために魚を取っていたんです。いけませんか？」と言うと、校長はしょうがないとあきれ顔で、わたしの言ったことを教育委員会に報告した。

ポンツクは水源が止められて、三日間が勝負である。したがってその年の勝負は終了。次の年からはだれにもとがめられなかった。青年団も違う場所でポンツクをしとるのだろう、だれにも遭わなかった。

こんなことをしていたから、生徒には人気があった。一方、専門の美術教育は真剣に教えた。特に安保闘争まっただ中の時に描かせた「ネコがネズミを食っているところ」というテーマの作品は、残酷だけれどすぐれていたと、今でも思っている。残念なことにその作品は残っていない。

❖全生研との出会い

教師になって一〇年目にやっと全国生活指導研究協議会（全生研）を知るようになった。わたしが新任教師として出発した年に全生研は産声をあげた。それまで朝の会とか帰りの会等は、教師のお説教の場だからやらなかった。そうしたことは耐えられないほどいやだったからである。

全生研を知るようになって、毎日の朝と帰りの一〇分ずつの時間が子どもたちの生きるちからをつけるための最も重要な時間であることを知ってびっくりし、同時に今までの自分のやってきた実践の未熟さに愕然とした。それからはサークルにも参加し、自分の実践を分析してもらうよう、実践レポートを毎回のように出した。建て前は自分を鍛えるため、本音は他人のレポを聞いていると眠れてくるという悪い癖がある。これは今でもその傾向がある。

でもなんとかみなさんにくっついて実践してきた。そして、二〇年くらいたってやっとこさ、自分自身の教育理念を確立した。そのことを「学級びらき」とか、「学年びらき」に生徒たちに話すようになった。

❖教師の構えを生徒に伝える

みんな、刈南中入学おめでとう。みんなの右側に座っている八人の先生と、わたしを入れて九人がみんなの先生です。これからたぶん三年間、一緒に勉強したり、いろんな楽しいことをしていくことになります。これから先生は、みんなにこんなことやってほしいな、逆に、こんなことやってはいかんよ、ということを三つ話すね。

一番目は、自分のちからを世の中のために役立てるようにする。君たちにとっての「世の中」はさしあたって学級とか、学年とか、学校になるのかな。もちろん、近所のことに役立つことでもいいんだよ。

二番目は、その子がどんなに努力してもなおらないことを嘲笑しない。嘲り笑わないということだよ。

三番目は、生命を大切にする、この三つのことを話します。

1、自分のちからを世の中に役立てること。

これはねえ、ここにいるみんな、だれでも自分だけしかもっていないちからがあるんだよ。普通、ちからというと、勉強ができるとか、運動がすごいというようなことを言う。でもね、例えばガラスふきがすごく上手ということもちからなんだよ。勉強や運動とくらべると目立たないけど、汚いガラスの教室で勉強するのって気持ちいい？　きれいな窓から光が入ってくるから勉強もはかどるんだよ。それが得意だなんて、すごくみんなに役だっとるじゃん。その他「ちから」というのはいっぱいあるんだ。

そのちからを自分のためだけにしか使わないってことのないようにしよう。そんなことしてると友だちがいなくなる。それってあんまりにもみじめだと先生は思うよ。たくさんの友だちと一緒になっていろんなことに挑戦する。そして成功する。こんなうれしいことないと思うな。それは、一人だけでちからをつける以上に、もっともっと大きなちからがつくんだ。

勉強でも、先生は一人よりも大勢でやった方がちからがつくと思うな。それにさ、勉強って、知恵をつけることだろう。知恵というのはね、世の中で何が正しくて、何が正しくないかを見極めることなんだ。新聞を見て、「あれ、ここのこと、ちょっとおかしい」と思ったら、友だちにそのことを話して賛成してもらったり、反対されたり、一つのことでもいろんな意見があることがわかる。そうして一人だけで勉強するよりも、二倍も三倍もいろんなことを知っていく。それが勉強っていうもんだよ。

先生たちは、みんなにこれからいろんなことを教えていく。フランスの詩人・アラゴンの言葉に、「教えるとは、ともに希望を語ること。学ぶとは、誠実を胸にきざむこと」というのがあって、先生もその通りだと思っているんだけれど、勉強というのは、ただ点数を一点あげるためだけのものじゃない。もちろん一点あげることも大切なことだけど、一つのことを自分だけで覚えるんじゃなく、一つ知恵をつけたら、みんなで正しいことは何なのかを話し合っていった方が希望がわくじゃん。先生たちも、みんなが希望をもてるように教えていきたい。

君たちみんなは、いろいろ学んでいくうちに、いろんなことに、自分が素直に心を開いて、何が正しいのかを自分に問いかけていくことなんだよ。…ちょっとむずかしいかな。

先生は、前の学校で、美術の授業で絵を教えていた時、「ここのところ、青にすると、きっとよくなるよ」って言ったら、その子、なんて言ったと思う?「先生、青にすると点数あがる?」だって。先生はその時、まじまじとその子の顔を見ちゃった。そういう時、青を塗ってみて、いいと思ったら、「本当だ、すごくよくなった」と言うか、もし自分ではわからんかったら、「先生、青にしたけど、どうして青がいいのかわからん」と聞けばいい。そうすれば、先生はわかるまで教える。

さて、勉強の話ばっかりになってしまったけど、だれでも「ちから」をもっている。その「ちから」を自分だけが得をするような使い方をしないこと。どうすればいいのかは、これから実際に何かに取り組む時に具体的に教えていくね。

2、その子がどんなに努力しても直らないことを嘲笑してはいけない。

このことは、絶対に許すことはできない。例えば足の悪い子がいたとしよう。その子に対して、差別用語で「チンバ」とか、「ビッコ」と言ったり、ましてや、足の悪い子の歩き方をまねしてからかったりすることは人間として最低のことをしたことになる。

その足の悪い子は自分が好き好んで足が悪くなったのではない。小さい時に重い病気になって、苦しんだあげくそうなったことが多い。その子はどんなにかみんなと一緒に運動場を走り回りたいかわからない。だけど走れないんだ。じっとがまんして、みんなの走っているところを見ているしかないんだ。それを、悪口言ったり、まねしてからかったりすることは許されない。

このように人間として絶対にやってはいけないことをしたら、どの先生も怒る。みんながまともな人間として生きていくためだから。こうした行為を許したら、とんでもない世の中になってしまう。先生をはじめ、君たちも嘲笑したことを見たら許さないような暖かい人間になってほしい。わかったな。

3、いのちを大切にする。

自分のいのちを大切にすることはもちろん、他人のいのちも大切にすることだよ。このごろ自分のいのちを大切にしない子がふえてきた。シンナー等、薬物におぼれて、自分のいのちをちぢめていく子、「いじめ」から逃れるために死を選んだりする子。友達をいじめて、他人のいのちをもて遊ぶ子がいっぱいいる。君たちはこんなことないよね。これも許されないことなんだよ。

「死」、死んでしまうということは、もう生き返らないということなんだよ。ファミコンのゲームの中では死んだ人が再び生き返ることがあるけど、現実の中の死は、二度と生き返ることはない。それほど「死」ということは厳しくて、周りの人を悲しませる。そのことを尊厳と言っているが、軽々しく考えてはいけないことなんだよ。

このいのちを一番無視するのは、「地球環境破壊」と「戦争」だ。九州の熊本県の水俣という所の海岸は、かつては非常に美しく、海もきれいだった。そこに水銀を扱う工場ができ、工場で使った汚い廃液をたれ流し、またたく間に水俣の海岸、海は汚くなった。そればかりか、そこで取れた魚や貝を食べた人は「水俣病」にかかり、死んでいく人、一生からだが不自由になってしまった人、さらには生まれてきた赤ちゃんの中には普通の人としての生活が送れない状態の子も出てきた。赤ちゃんは何の罪もないのに可哀想だろう。

水俣被害者の人たちはその工場に抗議を申し込んだが、かなり長い間無視された。工場の人は自分たちが悪いということをなかなか認めなかったんだ。そんなひどいことって許される?

次に「戦争」だ。戦争というのは大量の殺しあいと破壊のしあいだ。かつて「湾岸戦争」があったが、覚えているかな。ある国の大統領が「この戦争は正義のための戦いだ」と言っていたが、戦争は正義も何もない。壊したり殺したりするんだからな。テレビでトマホークという弾道弾が夜空を飛んでいくのを見て、「花火みたいできれい」と言ってた人がいた。しかしよく考えてよ、あの爆弾が落とされる所に住んでいる人たちのことを。子どもや老人をはじめ、多くの人々が死んでいったんだ…。ごめんな、先生、環境破壊と戦争の話になると、腹がたって、つい興奮して、君たちを叱っとるようにしゃべってしまって…。何で腹が立つかと言うと、実は先生の父も、太平洋戦争で死んでしまったんだ。

戦争に負け、当時満州、今の中国東北地方に住んでいた母の所へ、栄養失調になって帰ってきたところ、すぐにソ連軍に捕まってしまい、シベリアのチタという所へ連れて行かれた。そこで日本人の若い将校、将校というと、先生の父よりも位が上。軍隊というところは位が上だったら、どんなことがあっても絶対服従。そいつが「病気で働かんヤツは食ってはいかん」と言って、父の食べ物をほとんど取り上げて食ってしまった。同じ日本人がそういうことをするんだよ。

やがて冬になり、零下三〇度。想像つくか？　涙が出ると、パッと凍ってしまう寒さだ。そこで同じ将校が、「働かんヤツはオーバーなんかいらん」と言って父のオーバーを取り上げ、自分のものにしてしまったという。そのために父は、飢えと寒さで一番寒い一月に、暖房といってもちょっとしか効いてない広い部屋で、毛布一枚にくるまって死んでしまった。先生が小学校四年生の時のことだった。この話を先生が聞いたのが、中学二年生の時だった。それから戦争の話を聞いたり、映画を見たりして、戦争ほど惨いものはないと思うようになった。

中学三年生の時、修学旅行があった。ついでに言っとくと、先生の小学校六年の時は修学旅行がなかった。なぜって、戦争に負けて世の中が混乱していたから、修学旅行どころではなかった。だから中三になってはじめての修学旅行、先生はうれしくてしょうがなかった。でも家にはお金を稼ぐ父がいないからものすごく貧乏だった。そのために行けるかどうかわからなかった。母がなんとか工面して行けるようにしてくれた。当時（一九五〇年）お小遣いは一五〇円、その金もなんとかためて持たせてくれた。

二日目の京都の宿で、ある先生が京都名物八ツ橋を持ってきて、「ここの八ツ橋はおいしくて安いから、希望者は一八〇円持って先生のところへ来なさい」と言った。大部分の生徒は一八〇円持って買いに行った。お小遣いが一五〇円なのに、どうして一八〇円の八ツ橋の宣伝をするの？

その時、先生は抗議をしようと思ったけど、お金がないということがばれてしまうみじめさの方が強くて黙っていた。

父が生きていたらこんなみじめなことにはならなかったのにと、つくづくと思った。それから学校の教師は嘘をつく人間だと深く思うようになり、教師を絶対に信じなかった。でもね、特に大学へ行って人間味のある先生に出会えて、教師という職業を選んだんだ。

このごろ、テレビとかマンガ等でやたらと戦争のことがでてくる。それもカッコよく。戦争はカッコよくはない。さっきも言ったように死んでしまったら生き返ることができないんだから。もし、君たちが環境破壊とか戦争で死んでしまったら、後に残ったお父さんお母さん、そして家族の嘆きは大変なものだよ。だから自分のいのち、みんなのいのちを大切にできる人間になってほしいな。

みんながこれからの中学校生活で何を勉強していくか、どういうことをやってはいけないかの話をここで終わります。

❖博の生い立ち

かつてわたしは、家庭環境のかなりひどい生徒を担任したことがある。その生徒、博の父親は鳶職で、一年のうち半分は家に帰って来ない。母親は知的障害をもっており、生活力、ましてや自分の子どもを育児することはほとんどできない。博が二、三歳となり、知識欲が旺盛になってきたにもかかわらず、母親は何を聞かれても答えることができない。だからテレビだけが博の友だちであった。

博が小学校へ入学した。すると母親はさみしくてしようがないから担任に見つからないように、教室の窓の外から千円札をヒラヒラさせて外におびき出す。博は這って、巧妙に教室から脱出してしまう。そのために勉強はできない。中一の時、漢字は自分の名前が書けるだけ、算数は指を折り曲げて足したり引いたりして計算できる程度であった。

博が小三の時、父親は東北地方へ鳶職の仕事で出かけた。その時、母親は臨月間近であった。父親は三〇万円の金を用意し、その金で赤ちゃんを産むように言って旅立った。母親はその金を一週間たらずでパチンコですってしまった。それから二、三日後、博が家の外で遊んでいると、母親の苦しそうなうめき声がするので家に入ると、畳一面が血だらけになっている。びっくりした博は、大家さんに知らせに行った。大家さんはすぐに救急車を呼び病院に行き、間一髪で母子とも助かった。

小四の時、父親は恐喝の罪にとわれ、数カ月間、刑務所に入れられた。それから博は「泥棒の子、泥棒の子」と、いじめられつづけた。そのため、不登校となり、ほとんど学校へ行かなくなった。六年生の時は良心的なベテラン教師の担任となり、少しずつ登校するようにはなった。

入学式の後、学級の生徒に例の三つのことを話した。博の顔を見ると、だれも信じることはできないという険しい表情をして外を見ている。おそらくわたしの話など聞いていないだろう。一週間ほどたったある雨の日の朝、博がいない。

❖あんなヤツ学校へ来んでもいい

角岡「アレッ、博、来てないなあ」
酒井「先生、博君ねえ、雨が降るといつも学校へ来なかったよ」
角岡「どうして?」
酒井「わからん。どうしてかなあ」
角岡「じゃあ、先生、一時間目はあいてるから、博を迎えに行ってくるわ」(ドアの方へ行きかけると)
吉橋「あんなヤツ、学校へ来んでもいい」(教室がざわつく。「そうだ」とか、「なんで?」とか…)
角岡(大声で)「吉橋! もういっぺん言ってみろ!」(と、つめよる。教室はシーンとなる。吉橋はビックリして何も言えない)

角岡「今、吉橋が『あんなヤツ学校へ来んでもいい』と言った時、何人かの子は『そうだ』と思っただろう。博と違う小学校から来た子たちは何のことかわからんと思うから、今、簡単に説明しておく。実は博のお父さんは博が四年生の時、悪いことをして警察に捕まったことがあるんだ。それから博と同じ小学校の子たちは『泥棒の子』と言って、ずいぶん博をいじめたようだ。そうだろう?」

全員「……」

角岡「先生、すごく残念に思ったことは吉橋が、『あんなヤツ学校へ来んでもいい』と言った時、『そうだ、そうだ』というざわめきが聞こえたことだ。先生、入学式の後で三つのことを言った。一番目、自分のちからを、ハイ、つづきをみんなで」

全員「世の中に役立てる」

角岡「そう。二番目はその子がどんなに努力しても直らないことを、ハイ」

全員「嘲笑しない」

角岡「最後に、いのちを」

全員「大切にする」

角岡「その三つのことを言った。さて、今、吉橋が言ったことは何番目になるかな?」

全員「二番目」

角岡「そう、二番目だ。博がどんなに努力してもどうしようもないことだろう。博のお父さんはもう罪をつぐなわれてその後、全くそういうことをやってない。先生は一度お会いしたけど、心からあんなことをしたことを悔いておられた。そのことで博がみんなにいじめられていることを博にすまないと思ってみえる。…なあ、その博に対して、『あんなヤツ学校へ来んでもいい』なんて言っていいだろうか?」

全員「(口々に)いけない」

角岡「うん、先生もいけないと思う。先生、今から博を迎えに行こうと思うけど、せっかく連れて来てもみんながたとえ口に出さなくても、心の中で『あんなヤツ』と思っていたら、博はきっと学校に来づらいんじゃないのかなあ」

酒井「先生、僕たちが責任もって面倒みるから博君を連れて来て」(多くの生徒うなずく)

角岡「しっかり面倒みてくれる? じゃあ、一時間目の授業の途中に入ってくるかもしれんから頼むぞ」(と、行きかけて、吉橋のところに行き)

角岡「吉橋、さっき先生、大きな声でどなってごめんな。吉橋も博のこと頼むな」(肩をポンとたたきながら、教室を出る)

(『友だち・生活の問題をどう指導するか――教育力のない家庭に育った生徒への取り組み』(共著、明治図書。ここでは母親でなく、祖母になっている。実践と出版時期が近かったため。)

❖卒業後の博の変身

後日談であるが、一〇数年たって、博がわたしの家に遊びに来た。すでに結婚して女の子もいるという。そして、趣味で水彩画を描いている。見せてもらうとなかなかの絵であった。一時間ほど遊んで帰ると言うから、「駅まで送っていこうか」と言ったら、「車で来たからいい」と言う。

わたしは正直びっくりした。前述した通りかなりの低学力だった。女の子たちで「博の学力をあげよう」というプロジェクトをつくって取り組んだが、今一つ効果があがらなかったという苦い経験がある。「無免許？」と、つい聞いてしまった。「違うよ。免許、取ったよ」と言うから、「免許取るのに実技だけでなく、法令とか構造があるだろう？」と言うと、「うん。実はそれを取るのに一年以上かかった」と言った。

それにしても学校であれだけ勉強に取り組んだのに…。やはり、生活の必要性から超人的に「やる気」が生まれたのかと喜ぶと同時に、学校教育の弱さを突きつけられた思いで、何とも言えない気持ちになった。

それから一年ほどたって、今度はヨチヨチ歩きの可愛い赤ちゃんと、なかなかの美人の奥さんを連れてきた。この野郎、うまいことやっていやがるなあと、博と奥さんを見ていると、突然、博が「先生、先生の描いた水彩画がほしい。先生の絵を飾って、毎日見て絵の勉強をしたい」と言った。そんなこと言われて断るわけにはいかないので、B４判の大きさの水彩画を、額縁に入れてプレゼントした。二人は喜んで、大事そうに絵を持って帰って行った。

❖注意より「交わり」が大事

教師には、真面目さと、不真面目さが同居していないといけないと思う。わたしは、どちらかというと、不真面目さの部分がかなりある。特に校則に対してはどうでもいいと思っているからゆるやかである。というより、ゆるみっぱなしといった方がいい。

一時期、問題行動をもつ女の子たちは少し長いスカートをはいていきがっていたことがある。そういう子に廊下で会うと、

角岡「コラー、不良のＡ子！　不良はもっと長いスカートをはかんといかんじゃんか。短すぎるわ」

Ａ子「何言っとるだア、先生は。わたしは不良じゃないもん」

角岡「アッ、ごめん。Ａ子は不良じゃなくて、不良品だった」

Ａ子「バーカ、もっと悪いじゃんか」

角岡「へー、もっと悪いってことわかるなんて、Ａ子、頭いいじゃんか」

Ａ子「やっぱ、わたし頭いいって、先生、わかる？　やったね！」

ニコッと笑って去って行く。

このように問題をもっていると思われる子は、仲間にも教師にもいっぱい「交わり」をもちたがっている。それを廊下で行き会うとすぐに「髪の毛が長い」とか、「スカートが長い」と言って注意ばかりしている。そうではなくて、いつでも生徒の目線にたって話ができるように、冗談でもいい、「交わり」をしっかりともつことである。そうしないと肝心なこと、生きていく上でこういうことをやろう、これはしてはいけないという指導が入っていかなくなってしまう。

❖子どもの目線で生徒をとらえる

ある時、阿部と和田がこんな話をしていた。

和田「石部先生になんか頼まれると、いやだと言えんてなあ」

阿部「うん。なんでだろう?」

和田「おんなじ女の先生でも三年の前田、あれに頼まれるとなんかやりたくない。それにあいつ、オレのこと、いやな目つきで見る」

阿部「そうか、僕にはそんな目つきで見んぞ」

和田「そりゃあそうだわ、オマエ、生徒会の書記やっとるもんで、オマエにはやさしいんだわ」

阿部「そういえば、よくできる子としか話をしとらんな。やっぱりそんなんいやだな」

和田「石部先生はオレタチにもやさしいし、いかんことしとるとさ、『だめじゃない、そんなことしとると』って言われると、なんか聞けちゃう」

阿部「だれにでも同じようにやさしいし、ヒイキしとらんじゃないのかなあ」

石部先生は女性教師特有のやさしさがある。と同時に、いけないことはいけないとはっきりと、しかもくどくなく言える。もう一人の女性教師はその教師の好みにあったいわゆる「よい子」だけにはやさしい。職員室で放課中、その教師のところへ来るのはなるほど、和田が指摘しているように学級代表たちである。一方、はみだした生徒たちは、他学年の石部先生や伊奈先生のところへ来て冗談を言い合っている。はみだし男子生徒も同じように他学年の副主任の鈴木先生とか、わたしのところへ来る。

「よいこと」「よくないこと」は、かなり抽象的なことが多い。髪の毛一つとってみても、肩までかかるとどうして切らないといけないのか。校則を決めた側は運動をやる時、じゃまになると言う。それなら運動の時にしばればいい。そしてさらにつきつめれば「中学生らしい髪型」という抽象的で曖昧な結論になる。こんなこと真剣に考えたり、まじめに実行したりするよりも、もっと指導することはいっぱいあると思うんだけど…。

いずれにしても、こうした校則を中心にしたこまごましたことで注意をすることが指導と勘違いしている教師が多いのに驚く。

最近、少年による事件が多発している。文部省は「心の教育」をしろと指示を出しているが、その文部省の言う「心の教育」も問題はあるが、ここは一歩ゆずって、「心の教育」を支持するとして、校則という基準でしかものが見えない教師に、はたして「心の教育」ができるのだろうか。しかも道徳の時間だけで。

これからの教育はわたしたち、すでに退職した教師の世代が実践してきたよりもはるかに困難なことが多くなっている。子ども自身の問題、子どもを育てた親の問題、保育の問題、そして保育行政の問題、それらを含めた行政全体の問題等々。気の遠くなるほどの問題があるが、連帯して、わたしたちの手でコツコツと実践していかないことには解決しない。その実践の原点は「子どもを、子どもの目線でとらえる」ということである。そして、緊張と弛緩がほどよく表現される教師として指導ができるようにするということになる。

あとがき

この実践は、わたしが定年で退職をする三年前（一九九三年）からのものです。この年に一一年前の古巣である刈谷市立刈谷南中学校に転任してきました。そして刈南中の生徒と教師仲間と楽しみながら、充実した毎日を送りました。

美術教師であるわたしは、新採の時から、というより学生時代から、現在注目されている総合学習的な発想は持っていました。絵のテーマを、単に風景とか静物だけを描かせようとは思っていませんでした。子どもたちが生活の中で感応しているもの、訴えたいものを常に提起してきました。

たとえば、一九六〇年の安保闘争の時は「ネコがネズミを食べているところ」を描かせたり、集団づくりの実践をはじめたころは「小さい動物が大きい動物に勝つ」、少年期から青年期に移行する時期の中学二年生では「自画像」を制作、その中で地球環境問題とか、校則問題などについて訴えたいことを自画像を通して描かせていきました。

こういったテーマはネコを写実的に描く、自分の顔をそっくりに描くということよりも、美術という教科の枠を越えて、その他の教科、さらには毎日の生活の中から自分が感じたこと、それらを仲間と話し合い、問題をふくらませて、訴えたいことを表現させるというねらいから生まれたものでした。

また、教科外活動は総合学習そのものでした。遠足一つとっても、それは総合学習の宝庫といってもいいでしょう。毎年同じところへ、同じようなやり方で遠足をしていれば、それは総合学習とはいえません。たんに教師が仕組んだだけのものであり、子どもが遠足を通して何を学んだのかはっきりしません。

さらにもっと重要なことは、遠足をすることによって学校世界を変革するものになっていないということです。学校世界を変革をするということは、子どもたちが遠足を企画・決定・運営し、子どもたちと教師が連帯して遠足をつくりあげるということです。そして遠足を通してどの子もみんな学校が好きになるということです。それが子どもたちが自立するということにつながっていくのです。

週三時間の総合学習の時間は、そうした実践ができる時間が保証がされたということです。教師も子どもと手を取りあって、そうした遠足＝総合学習を創造していきたいものです。そのためにこの実践が一つのたたき台として、お役に立つことができたら、わたしにとってこのうえない喜びです。

さて、わたしの実践を第一章からお読みになって、なにか違和感を感じる方もおられると思います。それは子どもに対して「バカー」などと乱暴な言葉をいたるところで発していることです。「こんなの差別じゃないか」と、ムカッときたら、第七章の「教師としての原点」をすぐ読んでみて、そして再び第一章から読んでいただけると、角岡という人間がわかっていただけるのではないかと思います。よろしくお願いします。

最後に、この本を出版するにあたって、全生研の元常任委員で、すぐれた先輩実践家である服部潔先生にはひとかたならぬご助言をいただきました。ありがとうございました。また高文研の梅田さん、金子さんには出版に際して大変お世話になりました。ほんとうにありがとうございました。

二〇〇〇年一月中旬

角岡正卿

角岡正卿（つのおか・まさあき）
1935年、愛知県に生まれる。愛知学芸大学（現愛知教育大学）美術科卒業。59年より、碧海郡上郷村立上郷中学校（現豊田市）を皮切りに、安城市、刈谷市内の小・中学校に美術教師として勤務。刈谷南中学校を最後に96年退職。現在、愛知教育大学非常勤講師。全国生活指導研究協議会指名全国委員、日本生活指導研究所所員。著書に『生徒を変える集団遊び』『思春期の生き方をひらく美術教育』（明治図書）。共著書として『教育実践辞典』（「生活指導編」旬報社）『子どもが立ち上がるとき』『民主的生徒集団をどう育てるか』『授業の受け方・学び方の指導』『子どもたちの自立をどう引き出すか』他（明治図書）。
〔主な絵画活動〕春陽会会友（現在フリー）。日中友好二人展（中国吉林大学教授・李魁氏と４回共催）。個展を毎年開催。

中学生が笑った日々
——自治活動と総合的学習の三年間

●二〇〇〇年　三　月一〇日———第一刷発行

著　者／角岡正卿

発行所／株式会社 高文研
東京都千代田区猿楽町二－一－八
三恵ビル（〒一〇一＝〇〇六四）
電話　03＝3295＝3415
振替　00160＝6＝18956
http://www.koubunken.co.jp

印刷・製本／光陽印刷株式会社

★万一、乱丁・落丁があったときは、送料当方負担でお取りかえいたします。

ISBN4-87498-231-C0037